Inhalt

W0327764

Kapitel 1 **Sprache als Untersuchungsgegenstand** 7

1 Das Wesen menschlicher Sprache 7
2 Erstspracherwerb 9
3 Unterschiede zwischen Sprachen 11
4 Der Aufbau der Sprache 12
5 Zusammenfassung 14
6 Ausblick 15

Kapitel 2 **Das sprachliche Zeichen und seine phonologische Realisierung im Englischen: Grundlagen der Phonologie** . . . 16

1 Die lautliche Seite des sprachlichen Zeichens 16
2 Das Phonem 18
3 Die Lautschrift 18
4 Allophone 20
5 Die phonetische Basis menschlicher Sprache 21
  1 Vokale 22
  2 Diphthonge 23
  3 Konsonanten 24
6 Distinktive Merkmale 26
7 Die Struktur englischer Silben 27
8 Betonung und der Vokal Schwa 28
9 Zusammenfassung 28

Kapitel 3 **Wort und Wortbedeutung: Grundlagen der Wortsemantik** 30

1 Die Bedeutungsseite des sprachlichen Zeichens 30
2 Kategorisierung und Zeichenstruktur 32
3 Merkmale als Komponenten sprachlicher Bedeutung 34
4 Zusammenfassung 38

Kapitel 4 **Englische Wortbildung: Grundlagen der Morphologie** 39

1 Das Lexikon 39
2 Morphologisch komplexe Wörter und Morpheme 39
3 Die englischen Wortarten und Flexion 41
4 Funktionale Kategorien 43
5 Grundtypen morphologisch komplexer Wörter im Englischen 43
  1 Die Struktur englischer Komposita 44
  2 Die Interpretation englischer Komposita 46
  3 Lexikalisierte Komposita 46
  4 Partiell motivierte Komposita 47
  5 Die Struktur englischer Ableitungen 48

6 Die Interpretation englischer Ableitungen und Wortbildungsregeln ... 50
7 Konversion ... 50
6 Produktivität und das Lexikon ... 52
7 Zusammenfassung ... 53

Kapitel 5
Grundlagen der Orthographie und die englische Rechtschreibung ... 54
1 Schriftsysteme ... 54
1 Der Ursprung der Schrift ... 57
2 Syllabische Schriften ... 59
3 Das Alphabet ... 60
2 Die englische Orthographie ... 61
1 Die Darstellung von Homophonen ... 63
2 Die Darstellung von Morphemvarianten ... 64
3 Zusammenfassung ... 65

Kapitel 6
Grundlagen der Syntax und der Satzsemantik ... 66
1 Die Struktur englischer Phrasen ... 66
2 Die Struktur des Satzes ... 72
3 Syntaktische Struktur und Bedeutung ... 74
4 Eingebettete Sätze ... 76
5 Zusammenfassung ... 79

Kapitel 7
Syntaktische Relationen und das Prinzip der syntaktischen Bewegung: Grundlagen der Transformationssyntax ... 80
1 Die Struktur englischer Ja/Nein-Fragen ... 80
2 Die Struktur von wh-Fragen ... 82
3 Das Dummy Auxiliary do ... 84
4 Semantische Rollen ... 87
5 Passivkonstruktionen ... 88
6 Die *small clause* und die Struktur der englischen Verbalphrase ... 91
7 Zusammenfassung ... 93

Kapitel 8
Grundzüge des Erstspracherwerbs ... 94
1 Erstspracherwerb und Universalgrammatik ... 94
2 Der Erwerb des Lautsystems ... 96
3 Der Erwerb sprachlicher Zeichen ... 97
4 Der Erwerb syntaktischer Strukturen ... 99
5 Zusammenfassung ... 103

Kapitel 9
Regionale und soziale Aspekte der englischen Sprache: Grundlagen der Dialektologie und Soziolinguistik ... 105
1 Stilistische Variation ... 105
2 Dialekte ... 106

UNI WISSEN

Grundkurs Anglistische Sprachwissenschaft

Jon Erickson · Marion Gymnich

Ernst Klett Verlag
Stuttgart · Düsseldorf · Leipzig

Die Deutsche Bibliothek – CIP-Titelaufnahme

Ein Titeldatensatz für diese Publikation ist bei der Deutschen Bibliothek erhältlich

1. Auflage A 1 5 4 3 | 2004 2003 2002

Internetadresse | http://www.klett-verlag.de
Bildnachweis | © P-Y Goavec, IMAGE BANK, München

Redaktion | Manfred Ott
Umschlaggestaltung und Layout | Christine Schneyer
Zeichnungen | Jörg Mair
Druck | Gutmann + Co., Talheim. Printed in Germany.
ISBN 3-12-939565-2

Gedruckt auf Papier, das aus chlorfrei gebleichtem Zellstoff hergestellt wurde.

3 Dialektgeographie . . . 109
4 Soziale Variation und Standardsprache . . . 112
5 Prestige und die Einstellung der Sprecher . . . 113
6 Die Entwicklung von Dialekten . . . 114
7 Zusammenfassung . . . 115

Kapitel 10 **Die englische Sprache in historischer Sicht: Grundlagen der historischen Sprachwissenschaft . . . 116**

1 Variabilität und Flexibilität der Sprache . . . 116
2 Die Perioden der englischen Sprachgeschichte . . . 117
3 Textbeispiele aus den Epochen der englischen Sprachgeschichte . . . 119
4 Lautwandel . . . 120
5 Grammatischer Wandel . . . 121
6 Bedeutungswandel . . . 123
7 Entlehnungen . . . 125
8 Die Beziehung des Englischen zu verwandten Sprachen . . . 126
9 Zusammenfassung . . . 128

Anhang Literatur . . . 129
Glossar . . . 131

Vorwort

Dieses Buch basiert auf mehrjährigen Erfahrungen mit dem Einführungsseminar in die Anglistische Sprachwissenschaft an der Universität zu Köln. Es reflektiert das Ziel des Kölner Einführungsseminars, Studierenden der Anglistik/Amerikanistik eine kompakte Einführung in die Beschäftigung mit den Strukturprinzipien der englischen Sprache zu bieten. Das Buch wurde so konzipiert, dass es in Einführungsseminaren als Textgrundlage verwendet werden kann, sich aber auch als Basis für von einer Lehrveranstaltung unabhängige Studien eignet. Als Einführung in die Sprachwissenschaft, die sich gezielt an Studierende der Anglistik/Amerikanistik richtet, will es einen Gesamteindruck von der englischen Sprache vermitteln.

Die folgende Beschreibung von Strukturen und Prinzipien des Englischen greift auf aktuelle sprachwissenschaftliche Ansätze zurück, insbesondere auf jene Theorien, die unter der Bezeichnung *Generative Grammatik* zusammengefasst werden. Jedes der Kapitel bildet eine weitgehend in sich geschlossene Darstellung eines bestimmten Aspekts der sprachlichen Beschreibung des Englischen. Die Kapitel sind jedoch so angeordnet, dass sie auf einander aufbauen und schrittweise an einen möglichst umfassenden Gesamteindruck von der englischen Sprache und ihren Strukturen heranführen. Bei der Beschreibung des Englischen gibt es strittige Fragen sowie alternative Analysen ein und desselben Phänomens, die sogar innerhalb eines einzigen theoretischen Grundansatzes auftreten können. Bei der Darstellung wird aber bewusst auf einen Vergleich alternativer Analysen verzichtet, um Studienanfänger nicht zu verwirren. Aus den gleichen Gründen wurde von einer Auseinandersetzung mit der Entwicklung sprachwissenschaftlicher Modelle abgesehen.

Die wichtigsten Fachbegriffe werden bei ihrem ersten Auftreten durch Fettdruck hervorgehoben; in Klammern wird außerdem der englische Begriff angegeben. Die in dieser Form markierten Begriffe finden sich mit einer kurzen Definition im Glossar. Die englischen Entsprechungen werden vor allem angegeben, um den Studierenden den Übergang zu der überwiegend englischsprachigen Fachliteratur zu erleichtern. Jedes Kapitel endet mit einer kurzen Zusammenfassung. Am Schluss jedes Kapitels werden Vorschläge für weiterführende und vertiefende Lektüre gemacht. Diese Lektüreempfehlungen beziehen sich nahezu ausschließlich auf englischsprachige Texte, da die Studierenden im Verlauf der weiteren Beschäftigung mit der Sprachwissenschaft im Studium der Anglistik/Amerikanistik primär mit englischsprachigen Texten konfrontiert werden. Für die Lektüreempfehlungen wurden Texte ausgewählt, die schon für Studienanfänger verständlich sind, die aber auch für fortgeschrittenere Studenten noch von Interesse sind.

Wir möchten allen herzlich danken, die uns bei der Vorbereitung des Buches unterstützt haben. Für wertvolle Hinweise danken wir Christiane Bongartz von der University of Wisconsin, Prof. Manfred Görlach, Inge Molitor, Sabine Reich und Angelika Schmetzke von der Universität zu Köln und vor allem Prof. Ansgar Nünning, dem Herausgeber der Reihe, der uns durch sein großes Engagement und seine hervorragenden Anregungen sehr geholfen hat. Außerdem danken wir Şebnem Uzunlar für die Beispiele aus dem Türkischen. Nicht zuletzt sind wir Carola Surkamp für ihre höchst kompetente und gewissenhafte Erstellung der Druckvorlage zu großem Dank verpflichtet.

Jon Erickson und Marion Gymnich
im Oktober 1998

1 KAPITEL Sprache als Untersuchungsgegenstand

I went right along, not fixing up any particular plan,
but just trusting to Providence to put the right words
in my mouth when the time come; for I'd noticed that Providence
always did put the right words in my mouth, if I left it alone.

MARK TWAIN, »Huckleberry Finn«

1 Das Wesen menschlicher Sprache

Kreativität

Jeder von uns beherrscht eine Sprache, die Fähigkeit also, Bedeutung mithilfe von Lautfolgen zu repräsentieren. Jeder englische Muttersprachler ist in der Lage, Sätze wie die folgenden zu verwenden:

Mary had a little lamb.
oder
The time has come the walrus said to speak of many things.

Diese speziellen englischen Sätze mögen uns vielleicht vertraut sein, aber bei den Sätzen, die wir als Sprecher fortwährend produzieren und verstehen, handelt es sich nur gelegentlich und zufällig um solche, die wir zuvor schon einmal gehört oder selbst benutzt haben.[1] Die Sprache, die wir sprechen, kann nicht aus einer Liste von Sätzen, die wir irgendwann gehört oder gelesen und mental gespeichert haben, bestehen, denn die Zahl der in einer Sprache möglichen Sätze ist unbegrenzt. In jeder Sprache sind Sätze konstruierbar, die wir verwenden und verstehen können, die wir aber wohl kaum je gehört haben, wie z. B.

Drinking coffee from square cups puts me to sleep.

Und wie der folgende Kinderreim zeigt, ist jeder Satz ausdehnbar, und wir sind in der Lage, sprachlich zu improvisieren:

This is the house that Jack built.
This is the malt that lay in the house that Jack built.

---

1 Der theoretische Rahmen, der diesem Kapitel zugrunde liegt, ist das *Principles and Parameters*-Modell, das in den Arbeiten des amerikanischen Linguisten Noam Chomsky entwickelt wurde. Die unmittelbare Anregung für die Darlegung bilden Radford, *Syntactic Theory and the Structure of English*, Kap. 1 und Jackendoff, *Patterns in the Mind*, Teil I.

This is the rat that ate the malt that lay in the house that Jack built.
This is the cat that killed the rat that ate the malt that lay in the house that Jack built.

Nach demselben Muster können wir den obigen Satz beliebig weiter ausdehnen:

This is the dog that chased the cat ...

Wir wissen, wie wir ausgehend von Regeln, die wir mit anderen Sprechern der Sprache teilen, Sätze bilden können. Unser Umgang mit Sprache ist also kreativ: Wir können Sätze für jede nur vorstellbare Situation konstruieren, und unsere Gesprächspartner können jeden von uns gebildeten Satz verstehen, sofern sie das dafür notwendige Wissen darüber, wie die Sprache funktioniert, besitzen.

Grammatik

Sprecher einer Sprachgemeinschaft teilen ein internalisiertes System, das man sich als einen Satz von Regeln vorstellen kann, die das Spektrum möglicher Sätze in der Sprache und deren Interpretation vorgeben. Dieses System wird als **Grammatik** *(grammar)* der Sprache bezeichnet. Es ist diese Grammatik, die die Kreativität des Sprachgebrauchs möglich macht, die es also einerseits Sprechern erlaubt, eine potentiell unendliche Zahl von Sätzen zu konstruieren, und es andererseits den Gesprächspartnern ermöglicht, diese Sätze zu verstehen und zu interpretieren.

Kompetenz

Ein Sprecher beherrscht eine Sprache insofern, als sein sprachliches Verhalten demonstriert, dass er jene Prinzipien, die hinter der Konstruktion und Interpretation von Sätzen stehen, internalisiert hat. Diese Beherrschung von Sprache bezeichnet man als sprachliche **Kompetenz** *(competence)* des Sprechers. So weiß ein Sprecher des Englischen etwa, dass eine Verneinung durch das Anfügen von *n't* an ein **Hilfsverb** *(auxiliary)* erfolgt, wie z. B. in

Susan *hasn't* arrived yet.

Außerdem ist es für den Sprecher selbstverständlich, dass in der Verneinung im Englischen auch dann ein Hilfsverb erforderlich ist, wenn der entsprechende nicht verneinte Satz kein solches aufweist, dass also etwa

Susan arrived late.

als Verneinung zu

Susan *didn't* arrive late.

wird. Ebenso weiß der Sprecher, dass in der dem Satz

Bill was cleaning the garage.

entsprechenden direkten Frage das Hilfsverb *was* vor *Bill* erscheint:

Was Bill cleaning the garage?

Auch in der Frage muss selbst dann wieder ein Hilfsverb erscheinen, wenn der zugrunde liegende Aussagesatz kein solches enthält:

Bill cleaned the garage.
vs. *Did* Bill clean the garage?

Für einen Sprecher schreibt die Kenntnis der Grammatik der englischen Sprache vor, dass *him* in dem Satz

Bill saw *him* in the mirror.

sich keinesfalls auf *Bill* beziehen kann. In

Bill wanted Mary to meet *him*.

dagegen kann sich *him* auf *Bill* oder auch auf eine dritte, nicht genannte Person beziehen – in Abhängigkeit vom Kontext der Äußerung. In dem Satz

Bill asked Tom to come early.

ist es für den Sprecher offensichtlich, dass es Tom ist, der früh kommen soll, während es in dem nachstehenden Satz Bill ist, der früh kommen wird, und nicht Tom:

Bill promised Tom to come early.

In allen oben beschriebenen Fällen reflektieren das Sprachverhalten des Sprechers sowie die Fähigkeit eines anderen Sprechers, die Sätze zutreffend zu interpretieren, die sprachliche Kompetenz, das Wissen über die Grammatik der Sprache. Allerdings handelt es sich bei der sprachlichen Kompetenz um unterbewusstes Wissen: Der Sprecher bildet zwar fortwährend grammatisch korrekte Sätze und interpretiert von anderen produzierte Sätze, ist aber kaum in der Lage, die Regeln zu formulieren, gemäß derer er dies tut.

2 Erstspracherwerb

Spracherwerb

Sprachen sind offensichtlich überaus komplexe Systeme, und alle menschlichen Sprachen zeigen einen ähnlichen Grad an Komplexität. Dennoch lernen Kinder die Sprache der Sprachgemeinschaft, in die sie hineinwachsen, in einem bemerkenswert kurzen Zeitraum. Aufgrund des besonderen Charakters dieses Lernprozesses spricht man meist von Spracherwerb *(language acquisition)* statt vom Lernen einer Sprache. Der Erstspracherwerb unterscheidet sich signifikant von anderen Lernprozessen, also solchen, die das Kind etwa durchläuft, wenn es lernt, sich die Schuhe zu binden oder Zahlen zu addieren und zu subtrahieren. Anders als dies etwa beim Rechnen der Fall ist, erhält das Kind keinen Unterricht in der Sprache und erfährt auch nicht, welche Strukturen in seiner Muttersprache nicht vorkommen. Der Erstspracherwerb scheint ausschließlich durch den Kontakt mit der Sprache zu erfolgen. Im Alter von etwa 12 Monaten beginnt das Kind zu sprechen, und die Fortschritte in Richtung einer vollständigen Beherrschung der Prinzipien der jeweiligen Sprache verlaufen in vorhersagbaren Entwicklungsphasen.

Universalgrammatik

Die oben erläuterten Charakteristika des Erstspracherwerbs legen die Vermutung nahe, dass Kinder für den Spracherwerb genetisch vorherbestimmt sind. Der kindliche Spracherwerb scheint durch das Vorhandensein kognitiver Strukturen, die spezifisch für das menschliche Gehirn sind, die menschliche Sprachfähigkeit, gelenkt zu werden. Die Fähigkeit, Sprache zu verwenden, ist eine Eigenschaft aller Menschen und scheint den Besitz dessen, was meist als **Universalgrammatik** *(Universal Grammar)* bezeichnet wird, vorauszusetzen. Die Universalgrammatik besteht aus einem Satz allgemeiner Prinzipien, die definieren, wie die Eigenschaften menschlicher Sprache aussehen können. Auch wenn das Kind mit einer solchen angeborenen Sprachfähigkeit ausgestattet ist, benötigt es natürlich ein sprachliches Vorbild, also Kontakt mit einer spezifischen Sprache, um sich tatsächlich eine Sprache anzueignen. Offensichtlich kann es sich bei der angeborenen Sprachfähigkeit unmöglich um eine bestimmte Sprache – also etwa Englisch, Deutsch oder Türkisch – handeln. Jede Sprache, die ein Kind erwirbt, wird aber die universellen Prinzipien möglicher sprachlicher Organisation reflektieren. In jedem individuellen Fall wird das Kind die Sprache der Sprachgemeinschaft, in der es lebt, erwerben, und wenn es mit mehr als nur einer Sprache konfrontiert wird, wird es sich aller Wahrscheinlichkeit nach auch mehrere Sprachen aneignen. Der Zeitraum, in dem die Universalgrammatik dem Kind zur Verfügung steht, scheint allerdings begrenzt zu sein, denn Erwachsene und ältere Kinder sind nicht mehr in der Lage, die Leistung des Kleinkindes, den Erwerb der sprachlichen Kompetenz als Muttersprachler, zu wiederholen.

3 Unterschiede zwischen Sprachen

Zeichen

Auch wenn alle menschlichen Sprachen die Prinzipien der Universalgrammatik reflektieren, ist es doch offensichtlich, dass Sprachen sich ganz erheblich voneinander unterscheiden. Die wohl wichtigste Quelle solcher Unterschiede ist im Wesen des sprachlichen **Zeichens** *(sign)*, der grundlegenden Einheit aller menschlichen Sprachen, begründet. Das Vokabular jeder Sprache basiert auf der willkürlichen Kombination von **Lautbildern** *(sound image)* und Bedeutungen. Die Beziehung zwischen Lautbild und Bedeutung lässt sich folgendermaßen darstellen:

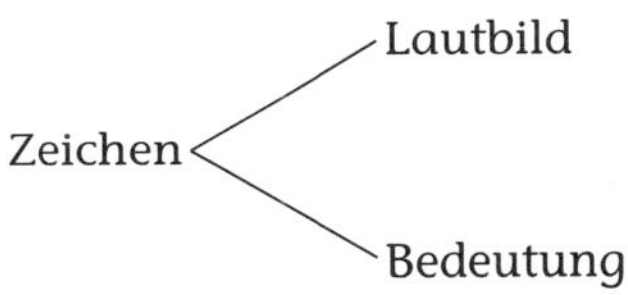

Das Prinzip des sprachlichen Zeichens gilt für alle Sprachen, und da die Kombination von Lautbild und Bedeutung willkürlich ist, unterscheiden sich die Zeichen einer Sprache erheblich von denen anderer Sprachen. So existiert etwa die Bedeutung, die im Englischen die Bedeutungsseite des Zeichens *book* ausmacht, ähnlich auch in anderen Sprachen, ist dort aber mit völlig verschiedenen Lautbildern verknüpft.

Parameter

Ein zweiter Grund für die Unterschiede zwischen Sprachen besteht darin, dass universelle strukturelle Prinzipien auf verschiedene Weisen realisiert werden können, d. h. es können unterschiedliche **Parameter** *(parameter)* gesetzt werden, wie das folgende Beispiel aus dem Bereich Satzbau illustriert. Das Vokabular einer Sprache wird im Satz in Form von größeren Wortgruppen organisiert, die als **Phrasen** *(phrase)* bezeichnet werden. Jede dieser Phrasen beruht auf der Existenz eines Kernwortes, des **Kopfes** *(head)* der jeweiligen Phrase. Die folgenden Phrasen zeigen, wie dieses Prinzip im Englischen und im Türkischen wirksam wird (der jeweilige Kopf ist durch Kursivschrift gekennzeichnet):

Englisch	Türkisch
student of physics	fizik *ögrenci*-si ‚Physik Student-Poss.'
open the door	kapi-yi *açmak* ‚Tür-Akk. öffnen'
fond of chocolate	çikolata-ya *düşkün* ‚Schokolade-Dat. mögend'
under the table	masa-nin *altinda* ‚Tisch-Gen. unter'

Der Kopf

Das, was in den englischen Beispielen auf den Kopf folgt, wird als **Komplement** *(complement)* bezeichnet. Im Englischen erscheint der Kopf stets links von seinem Komplement, und daher wird Englisch, ebenso wie Französisch oder Spanisch, wo dies auch der Fall ist, als linksköpfig *(left-headed)* hinsichtlich der Zusammensetzung von Phrasen bezeichnet. Sprachen wie Türkisch dagegen zeigen die umgekehrte Reihenfolge: Hier folgt der Kopf auf das Komplement. Daher gelten solche Sprachen als rechtsköpfig *(right-headed)*. Gemeinsam ist allen Sprachen, dass sie bei der Konstruktion von Phrasen dem Prinzip des Kopfes folgen, wenn sie sich auch hinsichtlich der Realisierung dieses Prinzips, der Position des Kopfes in Relation zum Komplement also, unterscheiden. Die Umsetzung des generellen Prinzips erfolgt in einer Sprache immer einheitlich. Wenn dem Kind die Prinzipien der Universalgrammatik zur Verfügung stehen, reduziert sich die Aufgabe beim Erstspracherwerb darauf, das Vokabular der jeweiligen Sprache zu erlernen und die Parameter zu setzen.

4 Der Aufbau der Sprache

Lautsystem

Die Sprachwissenschaft beschäftigt sich mit der Beschreibung der universellen Prinzipien, die in menschlicher Sprache wirksam werden. Außerdem beschreibt die Sprachwissenschaft, wie diese generellen Prinzipien in individuellen Sprachen, z. B. dem Englischen, realisiert werden.[2] Die Beschreibung sprachlicher Strukturen fängt in der Regel bei dem Lautsystem, der **Phonologie** *(phonology)*, der Sprache an. Jede Sprache verwendet einen Satz von lautlichen Einheiten, die **Phoneme** *(phoneme)*, aus denen sich die in der Zeichenbeziehung auftretenden Lautbilder zusammensetzen. Der Satz der Phoneme ist spezifisch für die einzelne Sprache. Phoneme lassen sich identifizieren, weil das Ersetzen einer solchen Lauteinheit durch eine andere ein Zeichen verändert. Das Zeichen *dog* z. B. hat ein Lautbild, das aus drei Phonemen besteht, jenen nämlich, die durch die Buchstaben *d-o-g* repräsentiert werden. Ersetzt man nun z. B. das *d* durch ein *l*, so erhält man ein anderes Zeichen: *l-o-g*. Es ist kennzeichnend für die Phonologie einer Sprache, dass von allen denkbaren Kombinationen von Phonemen lediglich bestimmte Lautfolgen tatsächlich vorkommen. So ist im Englischen die Lautfolge *d-o-g* möglich, *g-d-o* oder *d-g-o* hingegen sind es nicht.

Wortbildung

Einfache Zeichen wie *dog* können als Wörter im **Lexikon** *(lexicon)*, dem Wortinventar einer Sprache, erscheinen. Eine Sprache kann aber auch **Wortbildungsregeln** *(word formation rule, WFR)* einsetzen, um Zeichen zu morphologisch komplexen Wörtern zusammenzufügen. Resultat englischer Wortbildungsregeln sind etwa die folgenden Wörter:

re-open open-er open-able

Spricht man über Zeichen in Hinblick auf ihre Verwendung in der Wortbildung, dann werden sie als Wortbildungselemente oder **Morpheme** *(morpheme)* bezeichnet. Die Beschreibung der Wörter des Lexikons und ihrer Strukturen ist Gegenstand der **Morphologie** *(morphology)*.

Wortarten

Wörter können ausgehend von ihren Kombinationsmöglichkeiten in verschiedene Typen unterteilt werden, in **Wortarten** *(word class)*. Im Englischen differenziert man zwischen den folgenden fünf **lexikalischen Kategorien** *(lexical category)*: **Nomen** *(noun,* N*)*, **Verb** *(verb,* V*)*, **Adjektiv** *(adjective,* A*)*, **Adverb** *(adverb,* Adv*)* und **Präposition** *(preposition,* P*)*.

Satzbau

Jede Wortart kann den Ausgangspunkt einer Struktureinheit des Satzes, einer Phrase, bilden, oder, wie man häufig sagt, in eine Phrase projiziert werden. So kann ein Nomen wie *dog* die Projektionsbasis, der Kopf, von **Nominalphrasen** *(noun phrase,* NP*)* wie

the dog
oder
the big dog on the lawn

sein, und ein Verb wie *chase* kann als Kopf einer **Verbalphrase** *(verb phrase,* VP*)* wie

chases the postman every morning

fungieren. In Sätzen stehen Nominalphrase und Verbalphrase in einer Prädikationsbeziehung zueinander, in der etwas über ein

2 Vgl. zum Aufbau der Sprache insbesondere Huddleston, Kap. 1.

Subjekt *(subject)* ausgesagt wird. Die Nominalphrase fungiert als Subjekt des Satzes und die Verbalphrase als Prädikat:

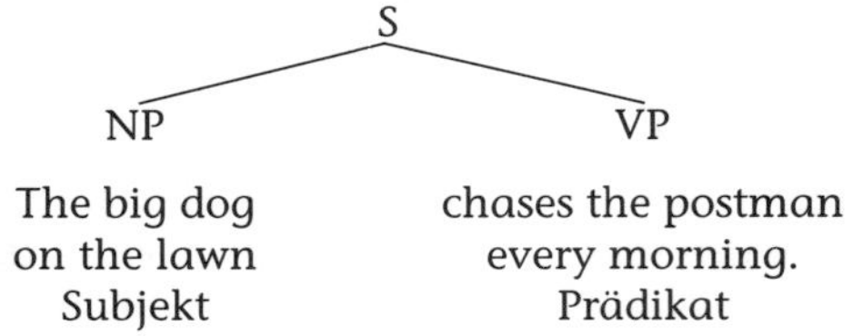

Die Möglichkeiten, Wörter zu Phrasen und Phrasen zu Sätzen zu kombinieren, machen die **Syntax** *(syntax)* einer Sprache aus.

Bedeutung

Da die Funktion von Sprache darin besteht, Bedeutung zu repräsentieren, muss eine Beschäftigung mit dem Lexikon, den lexikalischen Grundlagen der Sprache, zugleich eine Beschäftigung mit Wortbedeutung sein, mit der Wortsemantik. Ebenso ist in der Syntax auch die Frage der Satzbedeutung relevant – die Frage also, wie Bedeutung mittels der Verknüpfung von Wörtern des Lexikons zu syntaktischen Einheiten repräsentiert wird.

5 Zusammenfassung

Im Eingangskapitel wurden zunächst einige grundsätzliche Überlegungen über das Wesen der Sprache angestellt, die zeigten, dass Sprache ein internalisiertes System ist. Es erlaubt dem Sprecher, Sätze für jede denkbare Gesprächssituation zu konstruieren, und es ermöglicht zugleich einem anderen Sprecher der Sprache, diese Sätze zu interpretieren. Der Umgang mit Sprache ist somit kreativ. Diese Kreativität beruht auf der Tatsache, dass verschiedene Sprecher einen Satz von Prinzipien für die Konstruktion und Interpretation sprachlicher Äußerungen teilen. Dieser Satz von Prinzipien bildet die Grammatik der Sprache. Ausgehend von den Eigenschaften menschlicher Sprache und den Charakteristika des Erstspracherwerbs kann man annehmen, dass Kinder über eine angeborene Sprachfähigkeit verfügen, die die Prinzipien der Universalgrammatik reflektiert. Diese Sprachfähigkeit legt fest, dass ein Kind seine Muttersprache erlernen wird. Außerdem bestimmt sie, wie die Eigenschaften menschlicher Sprache aussehen können. Hat das Kind ein sprachliches Vorbild, lernt es die Sprache der Sprachgemeinschaft, in die es hineinwächst. Da Sprachen sich hinsichtlich ihres Vokabulars – ihrer Zeichenstrukturen – und hinsichtlich der Realisierung der Prinzipien der Universalgrammatik unterscheiden, besteht die Hauptaufgabe des Kindes beim Erstspracherwerb darin, sich das Vokabular der Sprache anzueignen und zu lernen, wie die universellen Prinzipien in seiner Muttersprache umgesetzt werden. Im ersten Kapitel wurde außerdem ein knapper Überblick über die Ebenen linguistischer Beschreibung – das Lautsystem, das Lexikon und die Syntax – und deren Beziehung zur Repräsentation von Bedeutung in der Sprache gegeben.[3]

6 Ausblick

In den folgenden neun Kapiteln sollen auf der Basis der in diesem Kapitel vorgestellten Grundannahmen über menschliche Sprache verschiedene Aspekte der Beschreibung der englischen Sprache erörtert werden. In **Kapitel 2**, das sich mit der Phonologie beschäftigt, wird die lautliche Seite des sprachlichen Zeichens erörtert: die Charakteristika des Lautbilds, das Prinzip des Phonems und das englische Lautsystem. **Kapitel 3** wendet sich der anderen Komponente des sprachlichen Zeichens, der Bedeutung, zu. Die Beschreibung der Bedeutung von Wörtern ist Gegenstand der Wortsemantik. In **Kapitel 4**, in dem die Morphologie im Mittelpunkt steht, wird zunächst das Konzept des Morphems vorgestellt. Anschließend werden die verschiedenen Wortarten und die möglichen Strukturen morphologisch komplexer englischer Wörter sowie die diesen zugrunde liegenden Prinzipien der Wortbildung beschrieben. Da alle bekannten Schriftsysteme entweder auf die Phonologie einer Sprache oder auf die Wortebene Bezug nehmen, können auf der Grundlage der vorhergehenden Kapitel in **Kapitel 5** die generellen Möglichkeiten, Sprache schriftlich darzustellen, sowie Charakteristika der englischen **Orthographie** *(orthography)* erörtert werden. Die folgenden beiden Kapitel sind der englischen Syntax gewidmet. Im Mittelpunkt stehen die Fragen, wie Wörter zu Phrasen und Sätzen der Sprache kombiniert werden können **(Kapitel 6)** und wie verschiedene Sätze syntaktisch und semantisch auf der Grundlage des Prinzips syntaktischer **Bewegung** *(movement)* zueinander in Bezug gesetzt werden können **(Kapitel 7)**. In **Kapitel 8** wird das schon kurz angesprochene Thema Erstspracherwerb erneut aufgegriffen, um Charakteristika des Erstspracherwerbs englischer Muttersprachler zu erläutern. In **Kapitel 9**, das einige der Grundfragen der Dialektologie und der Soziolinguistik zum Thema hat, werden regional und sozial begründete Formen sprachlicher Variation in der englischen Sprache beschrieben. **Kapitel 10** bietet einen kurzen Einblick in einige historische Aspekte der englischen Sprache.

---

3 Als vertiefende und weiterführende Literatur zu generellen Charakteristika menschlicher Sprache sind vor allem zu empfehlen: Jackendoff, *Patterns in the Mind,* Kap. 2 und 3; Mair, Kap. 1; Pinker, Kap. 1–4; Radford, *Syntax. A Minimalist Introduction,* Kap. 1 sowie Sapir, Kap. 1.

2 KAPITEL Das sprachliche Zeichen und seine phonologische Realisierung im Englischen: Grundlagen der Phonologie

Peter Piper picked a peck of pickled pepper;
A peck of pickled pepper Peter Piper picked;
If Peter Piper picked a peck of pickled pepper,
Where's the peck of pickled pepper Peter Piper picked?

MOTHER GOOSE

1 Die lautliche Seite des sprachlichen Zeichens

Zeichen

Das wohl grundlegendste Organisationsprinzip nicht nur des Englischen, sondern aller Sprachen ist das sprachliche Zeichen. Wie schon in Kapitel 1 erwähnt, besteht das Zeichen aus der Verbindung eines **Lautbildes** *(sound image)* mit einer Bedeutung:

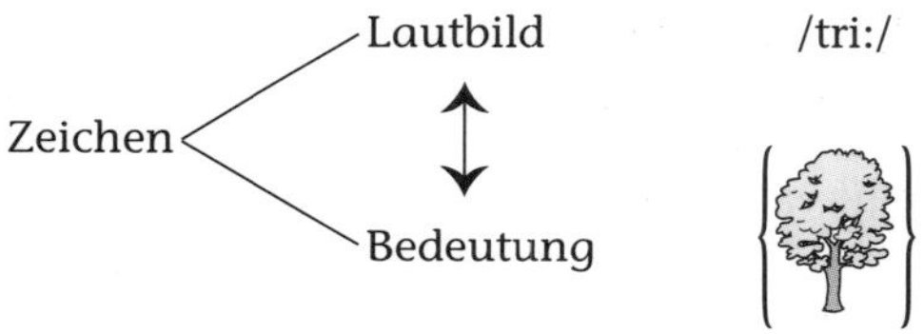

Wichtig ist hierbei, dass weder das Lautbild allein noch die Bedeutung allein bereits das Zeichen ausmacht, sondern erst die Verbindung dieser beiden Komponenten. Das Prinzip des sprachlichen Zeichens gehört zwar zu den Universalien menschlicher Sprache, gleichzeitig bildet es aber auch eine der wichtigsten Ursachen für die Verschiedenartigkeit von Sprachen. Die Zeichen bilden die Basis des Wortschatzes einer Sprache und sind daher Teil des mental gespeicherten sprachlichen Wissens eines Sprechers, seiner sprachlichen **Kompetenz** *(competence)*. Die Relation zwischen Lautbild und Bedeutung ist willkürlich (arbiträr), d. h. unmotiviert, denn es gibt keinen Grund, ein bestimmtes Lautbild mit einer bestimmten Bedeutung zu verknüpfen; deshalb spricht man auch von der „Arbitrarität des Zeichens". Die Verbindungen von Lautbild und Bedeutung sind innerhalb einer Sprachgemeinschaft konventionalisiert. Dass es keinen Grund für die Verbindung eines bestimmten Lautbildes mit einer bestimmten Bedeutung gibt, veranschaulicht schon die Tatsache, dass ähnliche Bedeutungen in verschiedenen Sprachen mit unterschiedlichen Lautbildern verknüpft sind. So sind in den Wörtern *house*, *Haus*, *maison* (französisch) und *casa* (italienisch) z. B. völlig andere Lautbilder mit vergleichbaren Bedeutungen verbunden.

Lautmalerei

Häufig wird angenommen, dass bei lautmalerischen Wörtern, wie z. B. *cuckoo*, die Relation zwischen Lautbild und Bedeutung nicht so unmotiviert sei, wie dies sonst bei sprachlichen Zeichen der Fall ist. Aber selbst bei lautmalerischen Wörtern zeigen sich noch deutliche Diskrepanzen zwischen den Lautbildern verschiedener Sprachen. So entspricht dem englischen *cock-a-doodle-doo* im Deutschen *kikeriki* und im Französischen *coquerico* oder *cocorico*. Ähnliche Unterschiede zeigen sich auch bei anderen Ausdrücken für die Lautäußerungen von Tieren, wie die folgende Übersicht zeigt:[1]

	Englisch	Deutsch	Türkisch
die Kuh	moo-s	muh-t	böğür-ür
das Schaf	baa-s	blök-t	mele-r
die Ziege	bleat-s	mecker-t	mele-r
das Schwein	grunt-s	grunz-t	horulda-r/ homurda-r
die Katze	miaow-s	miau-t	miyavla-r
die Taube	coo-s	gurr-t	kuğur-ur
der Hahn	crow-s	kräh-t	öt-er

Diejenigen Zeichen, die man als lautmalerisch auffassen könnte, machen in jeder Sprache natürlich nur einen verschwindend geringen Teil des Gesamtwortschatzes aus. Dennoch veranschaulichen lautmalerische Formulierungen nochmals die Tatsache, dass das Verhältnis zwischen Lautbild und Bedeutung keineswegs naturgegeben ist, sondern willkürlich ist und auf Konvention beruht.

1 Mit Ausnahme der türkischen Beispiele wurden die Angaben von Anttila, S. 14 übernommen.

2 Das Phonem

Begriff

Obwohl die lautliche Realisierung des Zeichens in gesprochener Sprache keine Brüche oder internen Grenzen erkennen lässt, wird das Lautbild vom Sprecher als Folge einzelner Bestandteile wahrgenommen.[2] Bei diesen Komponenten handelt es sich um die **Phoneme** *(phoneme)* der Sprache. Die Bedeutung eines Zeichens wird also von einem Phonem oder einer Folge von mehreren Phonemen getragen.

Minimalpaare

Tauscht man ein einziges Phonem in einem Lautbild (z. B. *bit*) gegen ein anderes aus, so hat man bereits das Zeichen verändert: Entweder erhält man in diesem Fall ein anderes Zeichen (z. B. *pit*) oder aber eine Lautfolge, die nicht mit Bedeutung assoziiert ist (z. B. *vit*). Durch ein solches Ersetzen von Phonemen lässt sich das Phoneminventar einer Sprache bestimmen. Dabei werden **Minimalpaare** *(minimal pair)* ermittelt. Minimalpaare sind zwei Phonemsequenzen, die mit verschiedenen Bedeutungen assoziiert werden (also zwei sprachliche Zeichen), die sich phonologisch in nur einem Phonem, das in beiden Wörtern an derselben Stelle erscheint, unterscheiden. Im Englischen gibt es z. B. die folgenden Minimalpaare:

Beispiele

sit	vs.	pit
sit	vs.	set
sit	vs.	sip

3 Die Lautschrift

Transkription

Wenn man sich mit dem Lautsystem des Englischen beschäftigt, verwendet man normalerweise eine **Lautschrift/Transkription** *(transcription)*. Diese besteht aus einem Satz graphischer Symbole, für die eine eindeutige Zuordnung zwischen den Phonemen und den Symbolen, die diese repräsentieren, gewährleistet ist. Obwohl die englische Orthographie auf der Phonologie der Sprache basiert, gestaltet sich in ihr die Beziehung zwischen den Phonemen und deren graphischer Repräsentation recht komplex. Allein schon deshalb ist es problematisch, die Orthographie heranzuziehen, um über das Phonem zu sprechen. Die Probleme werden deutlich, wenn man bedenkt, dass in der englischen Orthographie ein einziges Phonem durch verschiedene Symbole oder auch durch Symbolfolgen oder **Digraphe** *(digraph)* repräsentiert werden kann, wie die folgenden Wörter exemplarisch zeigen:

kind	**c**an	si**ck**	s**ch**ool
m**ea**t	m**ee**t	m**e**ter	p**eo**ple

Ebenso kann ein einziges orthographisches Symbol unterschiedlichen Phonemen entsprechen:

f**a**ther **a**ll m**a**n **a**bout

IPA

Für das Englische werden verschiedene Lautschriften verwendet. Außerdem kann sich die Transkription verändern, wenn man von der Beschreibung einer Varietät des Englischen zu der einer anderen Varietät wechselt.[3] Bei der unten aufgeführten Transkription handelt es sich um ein System, das auf dem ***International Phonetic Alphabet*** *(IPA)* basiert. Dieses System ist zur Darstellung des südlichen britischen Englisch – also der Varietät des Englischen, die an Schulen am häufigsten unterrichtet wird, – weit verbreitet. Zudem findet es sich auch in den in Deutschland gängigen Wörterbüchern. Bei der Repräsentation eines Phonems mit einem Symbol der Lautschrift wird das Symbol zwischen Schrägstriche (z. B. /p/) gesetzt. Dadurch wird signalisiert, dass wir über ein Phonem und nicht über einen Buchstaben sprechen. Die nachfolgenden Tabellen zeigen die Transkription der englischen Konsonanten und Vokale mit entsprechenden Beispielwörtern:

Konsonanten

Die englischen Konsonanten

/p/ pit, tap	/θ/ thin, worth	/m/ mine, home
/b/ bit, tab	/ð/ then, bathe	/n/ nine, lean
/t/ tip, pat	/s/ sup, pass	/ŋ/ ring, sank
/d/ dip, pad	/z/ zoo, rise	/l/ lead, deal
/k/ curl, sick	/ʃ/ shoe, rush	/r/ red, borrow
/g/ girl, big	/ʒ/ vision, pleasure	/w/ will, dwarf
/f/ fine, rough	/tʃ/ chain, rich	/j/ yell, beauty
/v/ vine, brave	/dʒ/ Jane, ridge	
/h/ high, who		

Vokale/ Diphthonge

Die englischen Vokale und Diphthonge

/iː/ peel	/ɔː/ caught, sport, shore
/ɪ/ pill	/ɒ/ cot
/eɪ/ bait, bay	/aɪ/ bite, buy
/e/ bet	/aʊ/ bout, now
/ɑː/ bath, car	/ɔɪ/ coin, boy
/æ/ bat	/ɪə/ beard, fear
/uː/ boot, two	/eə/ scarce, bear

2 Vgl. zur Darstellung phonologischer Grundprinzipien in diesem Kapitel vor allem Giegerich und Scherer/Wollmann. Die generelle Präsentation ist außerdem Jackendoff, *Patterns in the Mind* verpflichtet.

3 Unter Varietät versteht man eine Erscheinungsform einer Sprache, deren Existenz auf regionale oder soziale Faktoren zurückzuführen ist. Vgl. zum Thema sprachliche Variation Kapitel 9 dieses Buches.

/ʊ/ put
/əʊ/ boat, know
/ʌ/ butt
/ʊə/ gourd, sure
/ɜː/ bird, fur
/ə/ hammock, butter

4 Allophone

Begriff

Phoneme können hinsichtlich ihrer sprachlichen, **phonetischen** *(phonetic)* Realisierung innerhalb gewisser Grenzen variieren. Ist diese Variation regelmäßig, überindividuell und durch die phonologische Umgebung des jeweiligen Phonems bedingt, so bezeichnet man die Phonemvarianten als **Allophone** *(allophone)*. Unter „phonologischer Umgebung" sind dabei die Position eines Phonems im Wort und die Phoneme, die dem betreffenden Phonem vorangehen oder auf es folgen, zu verstehen. Die Phoneme /p/ und /l/ erscheinen in den folgenden Wörtern als unterschiedliche Allophone:

pit	spit	tip
lead	deal	

In *pit* wird das /p/ von einem starken Atemstoß begleitet, in *spit* fehlt dieser. Bei der Artikulation des /p/ in *tip* öffnet der Sprecher normalerweise nicht erneut die Lippen. Das Phonem /l/ weist eine „dunkle" Variante auf, die in *deal* erscheint, und eine „helle", die sich in *lead* findet.

Komplementäre Distribution

Allophone treten in **komplementärer Distribution** *(complementary distribution)* auf. Das heißt, in der phonologischen Umgebung, in der ein bestimmtes Allophon eines Phonems auftaucht, findet sich in der Regel kein anderes Allophon desselben Phonems. Damit sind Allophone ausgehend von ihrer phonologischen Umgebung vorhersagbar. Muttersprachler setzen Allophone intuitiv ein, also ohne sich der artikulatorischen Unterschiede bewusst zu sein. Da es sich bei Allophonen um Varianten eines Phonems handelt, sind Allophone einander natürlich sehr ähnlich. Ersetzt man ein Allophon durch ein anderes, so kann das Resultat nie ein anderes Zeichen sein – wie dies beim Austauschen eines Phonems gegen ein anderes der Fall ist.

Darstellungskonventionen

Um Allophone differenzierter darzustellen, kann eine ausführlichere Transkription verwendet werden, bei der von diakritischen Zeichen Gebrauch gemacht wird. Mithilfe solcher diakritischer Zeichen können z. B. die oben erwähnten Allophone des Phonems /p/ folgendermaßen repräsentiert werden: das Allophon in *pit* als [pʰ], das in *spit* als [p⁼] und das in *tip* als [p˺]. Die beiden Allophone von /l/ können als [l̻] und [ɫ] dargestellt werden. Wenn man die spezifische phonetische Realisierung eines Phonems darstellen will, setzt man das Symbol in eckige Klammern. Durch diese Konventionen ist es möglich, zwischen dem Phonem und seiner phonetischen Realisierung zu unterscheiden, obwohl in beiden Fällen ähnliche Symbole verwendet werden.

5 Die phonetische Basis menschlicher Sprache

Sprachapparat

Die physischen Gegebenheiten des Sprachapparats bestimmen, welche Laute Menschen artikulieren können. Nur einige der potentiell möglichen Laute werden jedoch tatsächlich als sprachliche Laute eingesetzt. Um zu beschreiben, wie Sprache in Form von Lautfolgen realisiert wird, stützt man sich auf die artikulatorische Phonetik, d. h. man beschreibt die Phoneme der Sprache mit Merkmalen, die spezifizieren, wie die Phoneme als Laute im Sprachapparat erzeugt werden. Das folgende Diagramm zeigt den menschlichen Sprachapparat im Querschnitt:

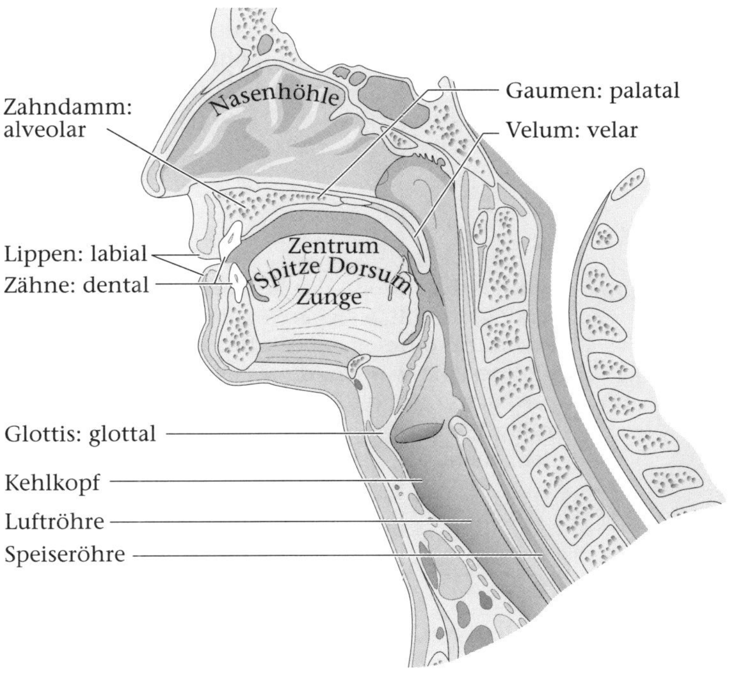

Artikulation

Die Produktion menschlicher Sprache basiert auf einem Luftstrom, der sich durch den Sprachapparat bewegt. Luft gelangt von den Lungen durch Luftröhre und Kehlkopf und entweicht schließlich durch Mund oder Nase. Die Öffnung im Kehlkopf, die Stimmritze oder Glottis, weist auf jeder Seite flexible Falten auf, die Stimmbänder, die näher zusammengeführt werden können, um den Luftstrom zu behindern. Bei normaler Atmung ist die Stimmritze offen. Werden die Stimmbänder näher zusammengebracht, jedoch so, dass die Luft noch zwischen ihnen hindurch kann, geraten die Stimmbänder in Schwingung. Dies erzeugt Stimmhaftigkeit, einen komplexen Ton, der die Grundlage der Produktion von Vokalen bildet und der auch an der Produktion von Konsonanten beteiligt sein kann. Auf dem Weg der Luft durch den Mund können Resonanzkammern verschiedener Größe produziert werden, um unterschiedliche Frequenzen des von der Stimmritze kommenden komplexen Tons zu verstärken. Das Resultat sind die verschiedenen Tonqualitäten, die mit den einzelnen Vokalen assoziiert werden. Konsonanten dagegen sind das Ergebnis von im Mund für den Luftstrom erzeugten Hindernissen. Der Luftstrom kann bei der Produktion von Konsonanten vollständig unterbrochen werden, oder aber der Weg für den Luftstrom wird so weit eingeengt, dass die Luft einen Widerstand findet, was hörbare Reibung verursacht. Bei der Produktion der meisten Laute der englischen Sprache ist die Nasenhöhle durch das angehobene Gaumensegel verschlossen. Sie kann aber auch offen bleiben; in diesem Fall wird der nasale Klang produziert, der mit nasalen Konsonanten assoziiert wird.

1 Vokale

Produktion

Die relative Größe der Resonanzkammer, die im Mund erzeugt wird, bestimmt, welcher Vokal produziert wird. Um die Größe der Resonanzkammer zu beeinflussen, kann der Unterkiefer gehoben und gesenkt werden, die Zunge kann im Mund vor und zurück bewegt werden, die Lippen können gerundet werden, und die Muskulatur kann gespannt werden. Dies ergibt die folgenden Möglichkeiten:

Unterkiefer:	hoch	Mitte	tief
Zunge:	vorne	hinten	
Lippen:	gerundet	nicht gerundet	
Muskulatur:	gespannt	nicht gespannt	

Ist z. B. der Unterkiefer in der Position „hoch“, die Zunge weit vorne im Mund, die Lippen sind nicht gerundet, und die Muskulatur ist gespannt, so ist der Raum in der Mundhöhle relativ klein. Dies hat einen Vokal mit „heller“ Tonqualität zur Folge, das /iː/. Wird nur einer der vier Parameter Position des Kiefers, Position der Zunge, Rundung der Lippen und Spannung der Muskulatur geändert, erhalten wir einen anderen Vokal. Wird z. B. nur die Muskulatur gelockert, wird ein /ɪ/ produziert. Wird dagegen die Position der Zunge verändert, wird sie also nach hinten bewegt, so vergrößert sich der Resonanzraum. Bei gleichzeitiger Rundung der Lippen ist das Ergebnis ein „dunkler“ Vokal, also ein Vokal mit tieferer Tonqualität, ein /uː/. Eine Lockerung der Muskulatur führt zu einem /ʊ/. Die Kombinationen, die im Englischen vorkommen, und die aus ihnen resultierenden Vokalphoneme lassen sich in dem folgenden „Vokaltrapez“ darstellen:

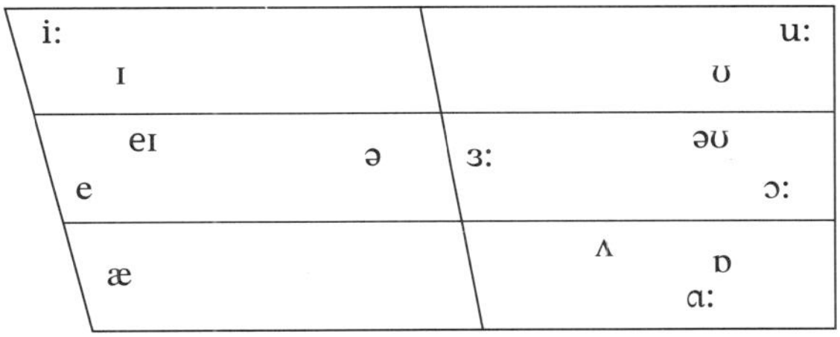

Die vertikale Achse zeigt die relative Position des Kiefers und die horizontale Achse die der Zunge. Daher lässt sich /iː/ als hoher, vorderer Vokal beschreiben und /ɑː/ als tiefer, hinterer Vokal.

2 Diphthonge

Begriff

Neben den oben beschriebenen Vokalen besitzt das Englische drei **Diphthonge** *(diphthong)*. Dieser Begriff bezeichnet vokalische Laute, die durch die Bewegung von der Position eines tieferen Vokals zu der eines höheren gekennzeichnet sind. Da für sie die Bewegung aus einer Ausgangsposition charakteristisch ist, werden Diphthonge auch **Gleitlaute** *(glide)* genannt. Die Darstellung von Diphthongen in der Lautschrift – mithilfe von zwei Vokalsymbolen – signalisiert bereits, dass bei /aɪ/ eine Bewegung aus der Nähe von /a/ in Richtung des /ɪ/ vorliegt, bei /aʊ/ eine Bewegung aus der Nähe von /a/ in Richtung des /ʊ/ und bei /ɔɪ/ schließlich aus der Nähe des /ɔ/ in Richtung des /ɪ/. Die Vokale /eɪ/ und /əʊ/ zeigen eine Bewegung einer etwas eingeschränkteren Art. Die für Diphthonge charakteristischen Bewegungen sind in dem folgenden Diagramm eingezeichnet:

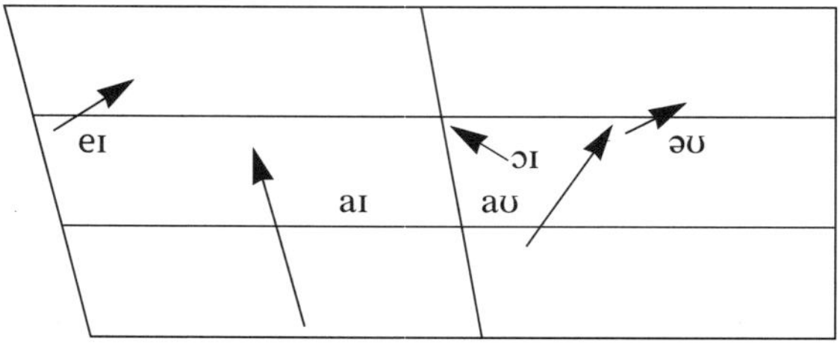

/ɪə/, /eə/, /ʊə/

Realisiert ein Sprecher das Phonem /r/ nur vor einem folgenden Vokal als [r], so erscheinen die Vokale in *beer, bear* und *sure* ebenfalls als Diphthonge, da das /r/ in diesem Fall als [ə] umgesetzt wird, was zu /ɪə/, /eə/ und /ʊə/ führt.

3 Konsonanten

Produktion

Im Gegensatz zu Vokalen, die aus der Erzeugung von Resonanzkammern im Mund resultieren und nicht mit einer Einengung des Luftstroms einhergehen, werden Konsonanten hauptsächlich durch eine Behinderung des Luftstroms in der Mundhöhle produziert. Die für die Artikulation von Konsonanten relevanten Stellen im Sprachapparat sind die Lippen (labiale Konsonanten), die Zähne (dentale Konsonanten), der Zahndamm/Alveolum (alveolare Konsonanten), der Gaumen (palatale Konsonanten), das Gaumensegel/Velum (velare Konsonanten) und die Stimmritze/Glottis (glottale Konsonanten). Einen Überblick über die verschiedenen Artikulationsorte englischer Konsonanten gibt das folgende Diagramm:

	Obstruenten			Sonoranten	
labial	/p/ /b/	/f/ /v/		/m/	
dental		/θ/ /ð/			
alveolar	/t/ /d/	/s/ /z/		/n/	/l/ /r/
palatal		/ʃ/ /ʒ/	/tʃ/ /dʒ/		/j/
velar	/k/ /g/			/ŋ/	/w/
glottal		/h/			

Obstruenten

Bei den **Obstruenten** *(obstruent)* wird der Luftstrom entweder völlig unterbrochen, oder der Weg des Luftstroms wird beträchtlich eingeengt, so dass Reibung entsteht, oder der Luftstrom wird zunächst völlig unterbrochen und kann dann mit Reibung passieren.

Ausgehend von der Artikulationsart lassen sich drei verschiedene Gruppen von Obstruenten im Englischen unterscheiden. Die Konsonanten in diesen drei Gruppen lassen sich aufgrund ihres Artikulationsortes und aufgrund ihrer Stimmhaftigkeit bzw. Stimmlosigkeit weiter differenzieren:

Plosive

1. **Verschlusslaute/Plosive** *(plosive, stop)*: Bei Verschlusslauten wird der Luftstrom an einer Stelle in der Mundhöhle kurzzeitig völlig unterbrochen. Im Englischen gibt es die folgenden sechs Verschlusslaute: /p/:/b/, die labial sind, /t/:/d/, die alveolar sind, und /k/:/g/, die velar sind. Jeweils das erste Phonem in diesen drei Paaren ist stimmlos, das zweite stimmhaft.

Frikative

2. **Reibelaute/Frikative** *(fricative)*: Bei Reibelauten wird der Weg des Luftstroms durch die Artikulationsorgane sehr stark eingeengt; die Luft wird dadurch zusammengedrückt, was Reibung erzeugt. Im Englischen finden sich die folgenden Reibelaute: /f/:/v/, die labial sind, /θ/:/ð/, die dental sind, /s/:/z/, die alveolar sind, /ʃ/:/ʒ/, die palatal sind, und /h/, das glottal ist. Mit Ausnahme des stimmlosen Phonems /h/ tritt auch bei dieser Gruppe von Konsonanten wieder eine paarweise Unterscheidung stimmlos/stimmhaft auf.

Affrikaten

3. **Affrikaten** *(affricate)*: Bei Affrikaten wird der Luftstrom zunächst blockiert (wie bei der Artikulation von Verschlusslauten), doch dann wird diese Sperre langsam gelöst – in einem Prozess, der an die Produktion von Reibelauten erinnert. Das Englische hat zwei palatale Affrikaten: /tʃ/:/dʒ/, die sich wiederum durch Stimmlosigkeit/Stimmhaftigkeit unterscheiden.

Sonoranten

Die verbleibenden Konsonanten werden im allgemeinen als **Sonoranten** *(resonant)* bezeichnet, da sie alle stimmhaft sind und mithilfe von Resonanz produziert werden. Bei diesen Konsonanten lassen sich zwei Gruppen differenzieren, die **Nasale** *(nasal)* und die **Approximanten** *(approximant)*:

Nasallaute

1. Nasallaute: Bei der Produktion von Nasallauten wird das Gaumensegel gesenkt, was dazu führt, dass die Luft durch die Nase entweicht. Die Nasenhöhle erzeugt den charakteristischen nasalen Klang dieser Laute. Im Englischen finden sich drei nasale Konsonanten: /m/, /n/, /ŋ/. Diese Laute werden mit einer Blockierung im Mundbereich erzeugt, die der bei der Produktion der drei Obstruenten /b/, /d/ und /g/ auftretenden entspricht.

Approximanten

2. Bei den Approximanten handelt es sich um die **Liquida** *(liquid)* /l/ und /r/ sowie die beiden **Halbvokale** *(semivowel)* /w/ und /j/. Bei Approximanten wird die Zunge angehoben, aber nicht so sehr, dass Reibung entsteht. Bei der Artikulation des /l/, das auch als lateraler Laut bezeichnet wird, befindet sich die Zunge in etwa in

derselben Position wie bei der Artikulation des /d/, aber der Luftstrom fließt zwischen der Zunge und den Zähnen. Das /r/ kann auf verschiedene Arten erzeugt werden; typischerweise ist bei der Produktion dieses Lautes die Zungenspitze angehoben und ein wenig nach hinten gebogen, ohne dass jedoch ein Kontakt mit dem Gaumen zustandekommt. Die Halbvokale /w/ und /j/ haben viel mit den Vokalen /ʊ/ bzw. /ɪ/ gemeinsam, aber die Zunge befindet sich bei den Halbvokalen im Vergleich zu den Vokalen etwas höher.

6 Distinktive Merkmale

die Merkmale im Einzelnen

Die phonetische Umsetzung der Lautbilder einer Sprache kann als Folge von Konfigurationen im Sprachtrakt, die bestimmte akustische Merkmale erzeugen, gesehen werden:

1. Das Vorliegen einer signifikanten Behinderung des Luftstroms und das Fehlen einer solchen Einengung machen den Unterschied zwischen Konsonanten (Einengung) und Vokalen (keine Einengung) aus.
2. Die Schwingung der Stimmbänder und das Fehlen dieser Schwingung unterscheiden stimmhafte Laute (Vokale, Sonoranten und Obstruenten wie /d z dʒ/) von stimmlosen Lauten (wie /t s tʃ/).
3. Das Senken des Gaumensegels, das den Luftstrom in die Nasenhöhle lässt, unterscheidet die nasalen Konsonanten (/m n ŋ/) von allen anderen Lauten.
4. Ein vollständiges Unterbrechen des Luftstroms im Mund unterscheidet die Verschlusslaute (/p b m t d n k g ŋ tʃ dʒ/) von den übrigen Konsonanten.
5. Die Art, wie eine Einengung im Sprachtrakt erzeugt wird, macht weitere Unterschiede zwischen sprachlichen Lauten aus. Eingesetzt werden bei der Erzeugung des Hindernisses, auf das der Luftstrom trifft,

   die Lippen (/p b m f v w/),
   die Zungenspitze (/θ ð t d n s z l r/),
   der zentrale Teil der Zunge/Zentrum (/tʃ dʒ ʃ ʒ j/) oder
   der hintere Teil der Zunge/Dorsum (/k g ŋ/).

Derartige Merkmale werden im allgemeinen als **distinktive Merkmale** *(distinctive feature)* bezeichnet. Zur Beschreibung eines Phonems dient die für die Realisierung des jeweiligen Phonems charakteristische Kombination distinktiver Merkmale. So handelt es sich etwa bei /p b m/ um Konsonanten, weil bei der Produktion der entsprechenden Laute eine signifikante Einengung in der Mundhöhle vorliegt. Diese Einengung betrifft zwar in allen drei

Fällen die Lippen, aber /m/ unterscheidet sich von /p b/ dadurch, dass das Gaumensegel nur bei der Artikulation von /m/ gesenkt ist, was den Luftstrom in die Nase eindringen lässt. Der Unterschied zwischen /b/ und /p/ resultiert aus der Schwingung der Stimmbänder bei ersterem: /b/ ist stimmhaft, /p/ hingegen stimmlos. Zwei Phoneme müssen sich immer durch wenigstens ein distinktives Merkmal unterscheiden.

7 Die Struktur englischer Silben

Silbenstruktur

Phoneme sind die kleinsten Einheiten, in die sich ein Lautbild zerlegen lässt. Sie sind jedoch wiederum in Form von komplexeren phonologischen Einheiten, Phonemsequenzen also, strukturiert; diese bezeichnet man als **Silben** *(syllable)*. Den **Nukleus** *(nucleus)* einer Silbe bildet immer ein Vokal oder Diphthong. Zu diesem können ein Konsonant oder auch mehrere Konsonanten hinzukommen. Konsonanten, die vor dem Vokal stehen, machen den **Onset** *(onset)* der Silbe aus, solche, die auf den Vokal folgen, die **Koda** *(coda)*. Englische Silben können mit maximal drei Konsonanten beginnen und enden, wie die folgenden monosyllabischen Wörter illustrieren:

ray	pray	spray
lit	list	lists

Die Kombinationsmöglichkeiten der Konsonanten sind dabei allerdings sehr eingeschränkt. Weist eine Silbe drei Konsonanten im Onset auf, so muss es sich bei dem ersten um ein /s/ handeln, bei dem zweiten um ein /p/, /t/ oder /k/ und bei dem dritten um ein /r/ oder /l/.

Silbentypen

Silben, die wenigstens einen Konsonanten in der Koda aufweisen, werden als geschlossene Silben bezeichnet, Silben ohne Konsonantenkoda dagegen als offene Silben. Um zu entscheiden, ob Konsonanten mit dem vorausgehenden oder mit dem nachfolgenden Vokal gemeinsam eine Silbe bilden, erweist es sich als hilfreich, darauf zu achten, ob die betreffende Lautfolge auch am Anfang eines Wortes auftreten könnte. Diese Regel zeigt, dass in dem Wort *apartment* /əpɑːtmənt/ zwischen /t/ und /m/ eine Silbengrenze liegen muss, denn die Phonemsequenz /tm/ könnte nie am Beginn eines englischen Wortes erscheinen.

8 Betonung und der Vokal Schwa

Betonung

Besteht ein englisches Wort aus mehr als einer Silbe, dann lassen sich bei der Artikulation der Silben Unterschiede hinsichtlich der **Betonung** *(stress)* wahrnehmen. Manche Wörter weisen nur eine einzige betonte Silbe auf; Beispiele dafür sind etwa *lócal* oder *prínciple*. In einem Wort kann es aber hinsichtlich der Betonung auch eine Stufe zwischen der Silbe mit der Hauptbetonung und der nicht betonten Silbe geben, eine sekundäre Betonung (`), wie sie sich etwa in *téléphòne* oder *généràte* zeigt. Die Plazierung der Hauptbetonung wird im Englischen zu einem großen Teil durch die Silbenstruktur eines Wortes bestimmt, obwohl auch andere Faktoren wie die Wortart oder die morphologische Struktur in diesem Zusammenhang eine Rolle spielen können. Im allgemeinen fällt die Betonung auf die vorletzte Silbe, sofern diese geschlossen ist oder einen gespannten Vokal oder Diphthong aufweist, wie in *remémber* oder *decísive*. Andernfalls wird die drittletzte Silbe betont, wenn eine solche vorhanden ist, z. B. in *réference* oder *capácity*.

Schwa

Der Vokal Schwa (/ə/) kommt im Englischen ausschließlich in unbetonten Silben vor. Er ist der übliche Vokal in Wörtern, die typischerweise unbetont sind, wie *the* /ðə/, *a* /ə/ oder *and* /ən(d)/. Werden solche Wörter in Ausnahmefällen doch betont, so erscheint anstelle des Schwa ein anderer Vokal: /ði:/, /eɪ/ und /ænd/. In mit einander verwandten Wörtern kann ein Schwa sich infolge unterschiedlicher Betonungsverhältnisse mit einem anderen Vokal abwechseln, wie das folgende Beispiel zeigt:

próduct /prɒdəkt/
prodúctive /prədʌktɪv/
pròductívity /prɒdəktɪvətɪ/

Aufgrund dieser Tatsache hat das Schwa einen anderen Status als die übrigen englischen Vokale. Es kann als reduzierter Vokal betrachtet werden, der aus dem Wechsel der Betonung auf einen der anderen Vokale resultiert.

9 Zusammenfassung

Den Anfang des Kapitels bildete eine Erläuterung des Prinzips des sprachlichen Zeichens. Darauf folgte eine Auseinandersetzung mit den Eigenschaften einer der beiden Komponenten des Zeichens, dem Lautbild. Das Konzept des Phonems wurde eingeführt, und ein graphisches System zur Transkription der Phoneme der südbritischen Standardaussprache wurde vorgestellt. Daran schloss sich eine Beschreibung der phonetischen Grundlagen der englischen Phonologie in Form einer artikulatorischen Beschreibung der Realisierung der englischen Vokale, Diphthonge und Konsonanten an, gefolgt von einer Erörterung der distinktiven Merkmale in einer phonologischen Beschreibung. Das Kapitel endete mit einem Überblick über die Silbenstruktur im Englischen und ihre Beziehung zur Plazierung der Wortbetonung. Dabei wurde u.a. deutlich, dass das englische Schwa /ə/ als Vokal angesehen werden kann, dessen Auftreten vor allem von Betonungsverhältnissen abhängt.[4]

4 Als vertiefende und weiterführende Literatur zur englischen Phonologie sind zu empfehlen: Jackendoff, *Patterns in the Mind,* Kap. 4 und 5; Pinker, Kap. 6 sowie O'Grady/Dobrovolsky/Aronoff, Kap. 3. Eine ausgezeichnete und gründliche Einführung in die englische Phonetik und Phonologie bietet Davis.

3
KAPITEL

Wort und Wortbedeutung: Grundlagen der Wortsemantik

"When I use a word," Humpty Dumpty said, in rather a scornful tone,
"it means just what I choose it to mean – neither more nor less."

LEWIS CARROLL, *»Through the Looking Glass«*

1 Die Bedeutungsseite des sprachlichen Zeichens

Zeichen

Das Zeichen, jene Einheit der Sprache, die aus der konventionalisierten Verbindung eines Lautbildes und einer Bedeutung besteht, bildet die Grundlage jeder Sprache. Sprachliche Zeichen sind Elemente, die mental gespeichert sind und über die alle Sprecher einer Sprache verfügen, weil sie sie im Prozess der über Sprache ablaufenden Akkulturation erworben haben. Das Prinzip des Zeichens kann anhand von Wörtern, die „konkrete" Konzepte, wie etwa *table* oder *dog*, repräsentieren, folgendermaßen illustriert werden:

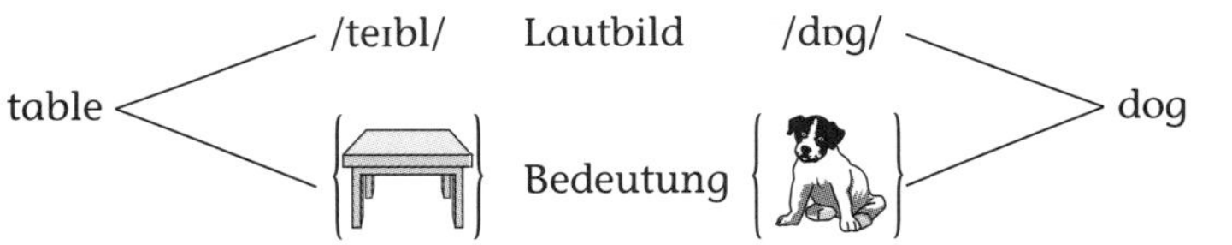

Dasselbe Prinzip liegt aber auch solchen Wörtern zugrunde, die abstrakte Konzepte repräsentieren, wie z. B. *time* oder *happy*:

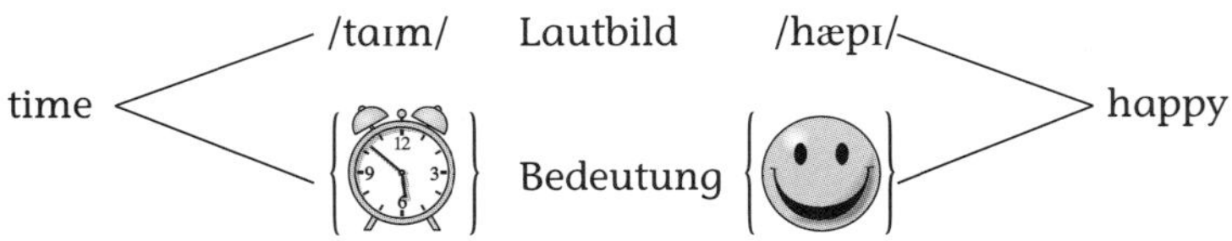

Bedeutung

Das vorhergehende Kapitel hat gezeigt, wie verhältnismäßig einfach es ist, sich mit dem Lautbild zu beschäftigen, der Folge von distinktiven Einheiten oder Phonemen, die als Laute realisiert werden können. Als weitaus schwieriger erweist es sich dagegen, die Bedeutungsseite des sprachlichen Zeichens zu erklären.[1] Wenn z. B. jemand von uns wissen will, was denn *vermilion* bedeute oder was ein *chihuahua* sei, können wir vielleicht auf etwas zeigen, das zinnoberrot ist – etwa das Innere einer Wassermelone – oder wir können nach unserem Chihuahua pfeifen, sollten wir einen solchen als Haustier besitzen. Tun wir dies, so versuchen wir, die Bedeutung des Zeichens durch unser Zeigen zu definieren. Kinder eignen sich Zeichenbeziehungen im Erstspracherwerb oft auf genau diese Weise an. Aber dennoch erfassen wir damit nicht das, was Bedeutung eigentlich ausmacht. Wenn wir auf etwas zeigen, um so eine Bedeutung zu definieren, tun wir nämlich nichts anderes als unseren Gesprächspartner dazu aufzufordern, die Bedeutung eines Zeichens von der Verwendung dieses Zeichens zur Beschreibung der Welt abzuleiten. So können wir z. B. das Zeichen *table* verwenden, um in der folgenden Weise auf Gegenstände in unserer Umgebung Bezug zu nehmen:

This *table* isn't big enough.
Put them on the *table*.

Aber wenn wir „*them*" – z. B. Bücher – auf einen Tisch legen, dann legen wir sie natürlich nicht auf die Bedeutung des Zeichens *table*, sondern vielmehr auf einen Gegenstand, auf den wir mittels Sprache Bezug nehmen können, indem wir das Zeichen *table* verwenden. Bedeutung ist keineswegs etwas physisch Erfahrbares, sondern ein mentales Konzept, das von den Sprechern einer Sprache geteilt wird. Wenn wir uns eins der obigen Diagramme erneut vor Augen führen

dog — /dɒg/ Lautbild

Bedeutung

dann erkennen wir bald, dass ein solches Diagramm in gewisser Weise irreführend ist, suggeriert es doch, dass die Bedeutung eines Zeichens eine Art Bild sei. Dies kann aber offensichtlich nicht zutreffen, denn sagt z. B. jemand

Our neighbours have a dog that barks all night.

so weiß der Sprecher zwar vielleicht, wie der betreffende Hund aussieht, und könnte ein entsprechendes „Bild" haben, aber wie könnte das „Bild" bei einem Gesprächspartner aussehen, der den betreffenden Hund noch nie gesehen hat; ist es das Bild eines Schäferhundes, eines Chihuahuas, eines großen oder kleinen, grauen oder schwarzen Hundes? Und doch wissen beide Sprecher natürlich, was *dog* bedeutet. Die Bedeutung eines Zeichens entspricht also weder den Objekten, auf die wir mit dem Zeichen Bezug nehmen können, noch einem mentalen Bild; Bedeutung muss in anderer Weise mental repräsentiert sein.

1 Vgl. zur Wortsemantik vor allem Jackendoff, *Semantics and Cognition*.

2 Kategorisierung und Zeichenstruktur

Kategorien

Der amerikanische Sprachwissenschaftler Edward Sapir hat Sprache als System, das unsere Erfahrungen vereinfacht, charakterisiert:

The world of our experiences must be enormously simplified and generalized before it is possible to make a symbolic inventory of all our experiences of things and relations and this inventory is imperative before we can convey ideas.[2]

Eine solche Sichtweise von Sprache impliziert, dass wir als menschliche Wesen unsere Erfahrungen fortwährend kategorisieren. Diese **Kategorisierung** *(categorization)* findet auch in der Zeichenstruktur der Sprache ihren Niederschlag, im Vokabular. Im Prozess der Kategorisierung abstrahieren wir auf der Basis von Beispielen einer Kategorie **Merkmale** *(feature)*. Diese Merkmale verwenden wir, um eine Typuskategorie zu konstruieren, die die Bedeutung eines Zeichens ausmacht. So können wir auf der Grundlage von Begegnungen mit Tischen oder Hunden einen Merkmalssatz abstrahieren, der die Bedeutung der Zeichen *table* bzw. *dog* ausmacht. Es sind diese Merkmalssätze, die mit den Lautbildern /teɪbl/ und /dɒg/ in der Zeichenbeziehung verknüpft werden, die die Bedeutungsseite des Zeichens konstituieren. Bei der Entscheidung, ob das Zeichen *table* angemessen ist, um auf ein bestimmtes Objekt Bezug zu nehmen, vergleichen wir die Merkmale unserer mentalen Repräsentation der Typuskategorie mit jenen Merkmalen des Objekts, die wir wahrnehmen können. Auf amüsante Weise wird Kategorisierung in Peter Ackroyds Roman *Chatterton* thematisiert:

"What is this," Harriet asked, "that I am about to lower myself onto?"
The object in question resembled a plank sawn in half and mounted on an oil drum.
"It's called a chair." [...]
"That chair is very good for the posture [...]" [Sarah answered]
Harriet closed her eyes, and tried to stretch out in the chair; but it had no back to it, and she fell against the wall.[3]

Für Harriet, wie für die meisten englischen Muttersprachler, bildet das Vorhandensein einer Rückenlehne offenbar ein notwendiges Merkmal der Kategorie *chair*; man würde das Wort also normalerweise nicht zur Bezeichnung eines Gegenstandes, der keine Rückenlehne besitzt, verwenden. Ihre Gesprächspartnerin Sarah scheint dies allerdings anders zu sehen.

Zeichensysteme

Die Zeichen einer Sprache repräsentieren konventionalisierte Kategorisierungen, und ein Kind übernimmt diese im Prozess der über die Sprache erfolgenden Akkulturation. Auf den ersten Blick scheint es durchaus einleuchtend anzunehmen, dass Kategorisierungen einfach naturgegebene Kategorien reflektieren – Kategorien also, die außerhalb der Sprache, in der Welt, bereits existieren. Das Vokabular einer Sprache würde dann lediglich aus Bezeichnungen jener Kategorien bestehen, die durch die Beschaffenheit der Realität schon festgelegt sind. Wenn dies aber tatsächlich der Fall wäre, dann müsste es möglich sein, bei einer Übersetzung aus einer Sprache in eine andere lediglich ein Lautbild durch ein anderes zu ersetzen, da die Kategorien und somit die Bedeutungen konstant bleiben würden. Dass eine Übersetzung nicht so einfach abläuft, veranschaulicht aber bereits ein Vergleich des Zeicheninventars des Englischen mit dem des Deutschen. Die Zeichensysteme der beiden Sprachen stimmen nicht überein, d. h. jede Sprache bringt ihre eigene Beschreibung der Realität mit sich: Im Englischen bezeichnet etwa das Zeichen *chair* ein bewegliches Möbelstück, das eine Sitzfläche für eine Person sowie eine Rückenlehne aufweist. Will man *chair* nun ins Deutsche übersetzen, muß man weitere Merkmale berücksichtigen, nämlich solche wie den Winkel der Rückenlehne, die Entfernung der Sitzfläche vom Boden, die Polsterung oder deren Fehlen – also Merkmale, die mit der Verwendung und dem Maß an Bequemlichkeit zusammenhängen. Diese Merkmale begründen im Deutschen die Wahl zwischen den beiden Zeichen *Stuhl* und *Sessel*, von denen aber folglich keins unmittelbar der Kategorisierung entsprechen kann, die durch das englische *chair* erfolgt. Die folgenden Abbildungen zeigen zwei Gegenstände, die im Englischen *chair* genannt werden; im Deutschen werden die Abbildungen dagegen mit zwei verschiedenen Kategorien in Verbindung gebracht:[4]

a)

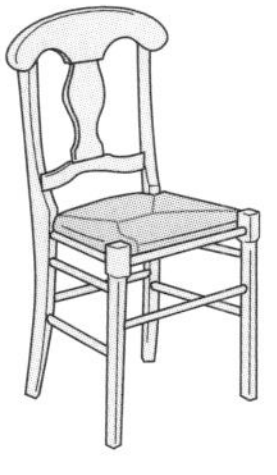

b)

2 Sapir, S. 12

3 Ackroyd, Peter: *Chatterton*. London: Abacus 1988 [1987], S. 31ff.

4 Die Erörterung der Diskrepanz zwischen dem englischen und dem deutschen Zeichensystem hinsichtlich der Kategorisierung von Sitzgelegenheiten geht auf Gipper zurück.

(a) heißt im Deutschen „Stuhl", (b) dagegen „Sessel". Dass die Kategorisierung im Englischen und im Deutschen nicht übereinstimmt, fällt z. B. auch bei Verben auf, die die Fortbewegung mit einem Fahrzeug ausdrücken. So verwendet man im Englischen das Verb *drive*, wenn man über ein Auto spricht, aber *ride*, wenn es um die Fortbewegung auf einem Fahrrad oder Motorrad geht. Im Deutschen hingegen wird bei all diesen Aktivitäten das Verb *fahren* verwendet: Auto fahren, Rad fahren und Motorrad fahren. Außerdem wird im Deutschen das Verb *fahren* auch bei Rollschuhen oder Skiern verwendet (Rollschuh fahren, Ski fahren). Im Englischen dagegen kann in diesen Kontexten weder *drive* noch *ride* verwendet werden; für diese Fortbewegungsarten gibt es stattdessen die Verben *skate* und *ski*. Für die Fortbewegung auf Fahrrädern und Motorrädern finden sich analog die Verben *bicycle* und *motorcycle*, ein entsprechendes Verb **car* hingegen existiert nicht.

3 Merkmale als Komponenten sprachlicher Bedeutung

Merkmale

Die Merkmale, die zu einem Merkmalssatz kombiniert werden, um die einem Lautbild in der Zeichenbeziehung zugeordnete Bedeutung zu bilden, können von unterschiedlicher Art sein. Zumindest drei verschiedene Typen von Merkmalen können für die Bedeutung eines Zeichens wie *cup* relevant sein:

(1) Wenn etwas als *cup* bezeichnet wird, muss es sich dabei um einen Behälter handeln. Dieses Merkmal ist ein notwendiges Merkmal.

(2) Ein Behälter, der als *cup* kategorisiert werden kann, unterscheidet sich von anderen Behältern, z. B. solchen, die als *bowl* eingestuft werden. Das Unterscheidungskriterium ist dabei das Verhältnis von Höhe zu Weite des jeweiligen Behälters. Dieses Merkmal beruht also auf einer Abstufung verschiedener Relationen von Höhe zu Weite: eine *cup* ist tendenziell in etwa so hoch wie weit, eine *bowl* dagegen flacher und breiter.

(3) Eine *cup* kann zusätzlich einen Henkel besitzen, auf einer Untertasse stehen, und sie kann verwendet werden, um aus ihr Kaffee oder Tee zu trinken. Diese Merkmale machen sie zu einer typischen *cup*. Es ist aber durchaus auch möglich, solche *cups* zu finden, die keinen Henkel oder keine Untertasse aufweisen und die zu anderen Zwecken als zum Trinken von Kaffee oder Tee verwendet werden. Ein Behälter, der deutlich höher als weit oder deutlich weiter als hoch ist, kann noch als *cup* kategorisiert werden, wenn er einen Henkel aufweist oder Kaffee enthält.

Merkmalskombination

Das Zeichen *cup* könnte eingesetzt werden, um auf jedes der fünf unten abgebildeten Objekte Bezug zu nehmen:

Wie diese Beispiele illustrieren, können die Merkmalskombinationen variieren, und es ist schwierig, eine eindeutige Bedeutung für das Zeichen *cup* festzulegen.

vase/cup/bowl

Die Schwierigkeiten bei dem Versuch, die präzise Bedeutung eines Zeichens zu bestimmen, veranschaulicht auch das bekannte Experiment William Labovs, in dem Sprecher des Englischen dazu aufgefordert wurden, jedes der unten abgebildeten Objekte einer der drei Kategorien *vase, cup* und *bowl* zuzuordnen:[5]

Bei allen dargestellten Objekten handelt es sich um Behälter. Die Kategorisierung der Objekte geht von dem Verhältnis von Höhe zu Weite aus, wobei eine *vase* höher als weit ist, eine *cup* in etwa so hoch wie weit und eine *bowl* weiter als hoch. In den Fällen, in denen die Versuchspersonen sich in diesem Sinne auf klare Relationen von Höhe zu Weite stützen konnten, stimmten die Urteile überein: (a) *vase*, (c) *cup* und (e) *bowl*. Bei (b) und (d) hingegen gingen die Kategorisierungen auseinander und schienen nahezu willkürlich auszufallen. Da die Versuchspersonen sich zu einer Zuordnung gezwungen sahen, mussten sie sich zwar entscheiden, ob sie z. B. (b) *vase* oder *cup* nennen wollten, aber es gab dabei wenig Konsens. Diese Unsicherheit hinsichtlich der Kategorisierung von

5 Das Beispiel *vase/cup/bowl* stammt ursprünglich aus Labov, „The Boundaries of Words and their Meanings", wurde aber aus Jackendoff, *Semantics and Cognition*, S. 137 übernommen.

(b) würde allerdings verschwinden, wenn der betreffende Behälter einen Griff besitzen oder Kaffee beinhalten würde (oder sogar beides) oder aber wenn in dem Behälter Blumen stehen würden, wie dies für *vases* typisch ist, denn dann würden die typischen Merkmale für *cups* bzw. *vases* bei der Kategorisierung den Ausschlag geben.

Prototypen

Das Experiment von Labov zeigt, dass im Hinblick auf die Bedeutung die Grenzen zwischen Zeichen flexibel sein können. Wir nehmen zwar in der Regel an, dass ein Wörterbuch die exakte Bedeutung eines Zeichens angibt, aber diese Erwartung wird meist enttäuscht, da das Wörterbuch uns lediglich eine sehr allgemeine Beschreibung der relevanten Merkmale liefert. Dies zeigt sich etwa, wenn man *cup* im Wörterbuch nachschlägt, in dem man eine Definition wie die folgende findet: „an open bowl-shaped drinking vessel“. Das notwendige Merkmal, dass es sich bei einer *cup* um einen Behälter handeln muss, und ein typisches Merkmal der Verwendung (Gefäß, aus dem man trinkt) werden angegeben, aber es fehlt eine präzise Grundlage, um eine *cup* etwa von einer *bowl* zu unterscheiden. Die Wörterbuchdefinition illustriert, dass die Bedeutung sprachlicher Zeichen selbst bei „konkreten“ Zeichen wie *cup* aus einem Satz potentiell zutreffender Merkmale besteht, auf die der Sprecher sich bezieht, wenn er das Zeichen verwendet. Die Schlussfolgerung, die man daraus ziehen kann, ist, dass es bessere und schlechtere Beispiele für eine Verwendung eines Zeichens wie *cup* geben kann. Wenn das, worauf wir uns bei der Verwendung dieses Zeichens beziehen, Merkmale wie die folgenden besitzt

können wir feststellen, dass es sich um eine **prototypische** *(prototypical) cup* handelt. Ein Objekt wie das folgende hingegen

kann allenfalls dann noch als eine Art von *cup* durchgehen, wenn uns Kaffee oder Tee in ihm angeboten wird. Im konkreten Fall werden wir deshalb bei der Kategorisierung verschiedene – mitunter auch widersprüchliche – Eigenschaften dessen, was wir kategorisieren, gegeneinander abwägen und dann entscheiden, ob die Verwendung eines Zeichens angemessen ist oder nicht.

Farben

Dasselbe Grundprinzip findet man bei der Verwendung von Zeichen für Farben. Das Farbspektrum bildet ein Kontinuum ohne Brüche, und dennoch teilt es jede Sprache anhand eines Satzes von Zeichen auf, als ob sich die Farbskala in Segmente unterteilen ließe. Die englische Sprache verwendet die folgenden sechs Termini für Grund- und Nebenfarben:

red yellow blue
orange green violet

Diese Zeichen sind mit abgestuften Merkmalen verknüpft, und für jedes Zeichen scheint es einen Idealfall oder prototypischen Fall für die Verwendung des Zeichens zu geben. Für die Grundfarben lassen sich die prototypischen Schattierungen folgendermaßen umschreiben:

fire engine red lemon yellow navy blue

Natürlich sind auch Tomaten *red*, alte Zeitungen *yellow* und verwaschene Jeans *blue*. Zitronen sind aber eindeutiger *yellow* als z. B. alte Zeitungen. Je weiter man sich von dem Zentralwert *lemon yellow* entfernt, um so weniger prototypisch wird das *yellow* sein. Im Falle der Wahrnehmungsbereiche von *yellow* und *green* kann es deshalb bei bestimmten Farbschattierungen schwierig werden, zu entscheiden, ob etwas noch *yellow* ist oder nicht doch eher eine Art *green*. Deshalb sind sich auch selbst englische Muttersprachler oft nicht sicher, ob die fluoreszierenden Tennisbälle denn nun *yellow* oder *green* sind. Die meisten Sprecher tendieren allerdings dazu, sich in diesem Fall für *green* zu entscheiden.

Kreativität

Die Bedeutungen von sprachlichen Zeichen sind die Kategorisierungen, die Sprecher sich im Prozess ihrer Akkulturation durch die Sprache aneignen. Diese Beschreibungen können von Sprache zu Sprache variieren, und, wie das Beispiel mit den Tennisbällen zeigt, sogar bis zu einem gewissen Grad von Sprecher zu Sprecher. Die Vergleichbarkeit solcher Beschreibungen – eine Vergleichbarkeit aus der Sicht verschiedener Sprecher einer Sprache zumindest – resultiert aus und wird aufrechterhalten durch Interaktionen zwischen Sprechern, in denen die individuellen Kategorisierungen, die Bedeutungen der sprachlichen Zeichen, mit denen anderer Sprecher verglichen werden. Menschliche Kategorisierung ist immer ein kreativer Prozess, und neue Kategorisierungen können durch eine neue Zeichenbeziehung, ein neues Wort, sprachlich verankert werden. Dieses kann sich in einer Sprachgemeinschaft ausbreiten oder auch nur auf den Wortschatz von Experten beschränkt bleiben. Daher verwenden einige Sprecher der englischen Sprache Wörter wie *puce, scarlet* oder *vermilion*, während für die Mehrzahl der Sprecher *red* auszureichen scheint.

4 Zusammenfassung

In diesem Kapitel stand die Wortbedeutung im Mittelpunkt. Dabei wurde deutlich, dass die Zeichen einer Sprache als institutionalisierte Kategorisierungen aufgefasst werden können, die als Resultat der Akkulturation über Sprache vom Individuum erworben werden. Jede Sprache liefert den Sprechern die Beschreibungen ihrer Welt, denn die in den Zeichenstrukturen implizierten Kategorisierungen können von Sprache zu Sprache variieren. Wortbedeutungen können als Sätze von Merkmalen definiert werden, die mentale Typuskategorien konstituieren, und derartige Merkmale bestimmen die Angemessenheit der Verwendung eines Zeichens, um auf etwas in der Welt Bezug zu nehmen. Die elementare Zeichenbeziehung, die Verbindung einer Kategorisierung mit einem Lautbild, ist willkürlich, unmotiviert.[6]

6 Als vertiefende und weiterführende Literatur zur Wortsemantik sind besonders zu empfehlen: Aitchison, Kap. 4 und 5; Jackendoff, *Patterns in the Mind,* Kap. 4 sowie Sapir, Kap. 2.

4

KAPITEL

Englische Wortbildung: Grundlagen der Morphologie

I am a gold lock.
I am a gold key.
I am a silver lock.
I am a silver key.
I am a brass lock.
I am a brass key.
I am a monk lock.
I am a monk key!

MOTHER GOOSE

1 Das Lexikon

Wortschatz

Die Zeichen einer Sprache bilden die Grundlage der **Wörter** *(word)*, jener Elemente, die als kleinste freie Formen in der Sprache erscheinen. Die Wörter, die ein Sprecher kennt, bilden seinen Wortschatz, das mental gespeicherte Lexikon des Sprechers. Um miteinander kommunizieren zu können, müssen Gesprächspartner über einen gemeinsamen Wortschatz verfügen. Der Wortschatz kann aber natürlich von Sprecher zu Sprecher auch in einem gewissen Rahmen variieren. Deshalb können wir bisweilen sogar die Erfahrung machen, dass es sich als notwendig erweist, ein Wörterbuch zu Rate zu ziehen, um herauszufinden, was ein Wort bedeutet, dem wir noch nie zuvor begegnet sind und das deshalb noch nicht Teil unseres mentalen Lexikons ist.

2 Morphologisch komplexe Wörter und Morpheme

Wurzeln

Bei Wörtern kann es sich um einfache Zeichen handeln, um **Wurzeln** *(root word)*. In diesem Fall ist das Lautbild unmittelbar mit Bedeutung verknüpft, wie etwa in:

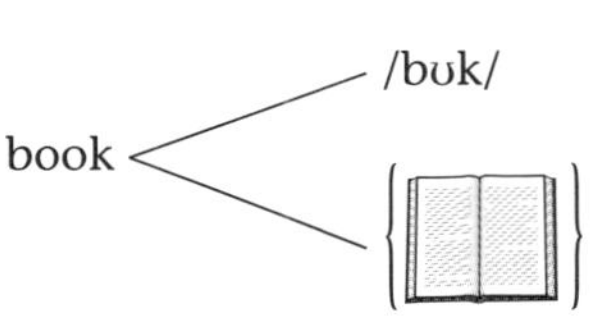

Morpheme

Es gibt im englischen Wortschatz daneben aber auch solche Wörter, die eine interne Struktur aufweisen, d. h. morphologisch komplexe Wörter. In Wörtern wie

books, bookshop, bookish
oder
reader, reread, readable

lassen sich Bestandteile erkennen, die sich in anderen Wörtern der englischen Sprache wiederfinden, also **wiederholt auftretende Elemente** *(recurring partial)*:

book|s, book|shop, book|ish
read|er, re|read, read|able

Die Wortbausteine, die sich als wiederholt auftretende Elemente identifizieren lassen, werden als **Morpheme** *(morpheme)* oder **Formative** *(formative)* bezeichnet. Bei einigen der obigen Morpheme handelt es sich um Wurzeln, d. h. um Morpheme, die zugleich Wörter sind *(book, shop, read)*. Die Morpheme *-s, -ish, -er, re-, -able* hingegen können ausschließlich als Bestandteile eines morphologisch komplexen Wortes vorkommen; solche Morpheme werden als **Affixe** *(affix)* bezeichnet.

Allomorphe

Bei Morphemen handelt es sich normalerweise um bedeutungstragende Einheiten, also um sprachliche Zeichen. Es gibt daneben aber auch solche wiederholt auftretenden Elemente, die reine Formative sind, da ihnen keine Bedeutung zugeordnet werden kann. Dies illustrieren die folgenden Wörter:

perceive – perception	permit – permission
receive – reception	remit – remission

Re- und *per-* sowie *-ceive/-cept* und *-mit/-miss* erscheinen aufgrund ihres wiederholten Vorkommens als Bausteine der obigen Wörter. Daher kann man sie als Morpheme betrachten, obwohl sie nicht als Bedeutungsträger fungieren. Die obigen Beispielwörter zeigen regelmäßige Varianten eines Morphems *(-ceive/-cept* bzw. *-mit/-miss)*, die – analog zu dem Begriff Allophon – als **Allomorphe** *(allomorph)* bezeichnet werden. Wie auch Allophone sind Allomorphe ausgehend von ihrer Umgebung vorhersagbar: So wird das Formativ *-ceive* vor dem Affix *-ion* immer als *-cept* erscheinen und das Formativ *-mit* immer als *-miss*.

3 Die englischen Wortarten und Flexion

Wortarten

Die Wörter einer Sprache lassen sich in **Wortarten** (*word class*) oder **lexikalische Kategorien** *(lexical category)* einteilen. Im Englischen finden sich die folgenden fünf Wortarten: **Nomen** *(noun,* N*)*, **Verb** *(verb,* V*)*, **Adjektiv** *(adjective,* A*)*, **Adverb** *(adverb,* Adv*)* und **Präposition** *(preposition,* P*)*. Zu derselben Wortart gehörige Wörter können semantische Eigenschaften sehr allgemeiner Art teilen, treten in für die Wortart charakteristischen Satzpositionen auf und können zudem typische **Flexionsendungen** *(inflectional suffix)* zeigen. So ist es kennzeichnend für ein Nomen, dass es in semantischer Hinsicht mit einer konzeptuellen „Einheit" in Verbindung gebracht wird, dass es durch Formen wie *the* oder *a* determiniert werden kann *(the car, a car)* und dass es in einer Pluralform auftreten kann *(cars)*.
Die ersten drei der oben genannten Wortarten (N, V, A) werden mit Flexions**paradigmen** *(paradigm)* assoziiert, d. h. sie besitzen einen Satz grammatischer Markierungen, mit denen sie typischerweise auftreten:

Nomen		Verb		Adjektiv	
car		open		tall	
cars	-(e)s	opens	-(e)s	taller	-er
		opened	-ed	tallest	-est
		opened	-ed/-en		
		opening	-ing		

Wie diese Flexionsparadigmen zeigen, kann ein Nomen in der Regel im Singular oder Plural auftreten, ein Verb im **Präsens** *(present tense)* oder **Präteritum** *(past tense)*, in der 3. Person Singular Präsens und als **Partizip** *(participle)* und ein Adjektiv in einer Steigerungsform, also im **Komparativ** *(comparative)* oder **Superlativ** *(superlative)*. Die genannten Paradigmen machen deutlich, dass Flexion auf der Affigierung eines Suffixes an ein Wort beruht – ein Prozess, bei dem eine variante Wortform dessen erzeugt wird, was als **Lexem** *(lexeme)* bezeichnet wird. So konstituieren etwa die Formen *book* und *books* ein einziges Lexem, das als *BOOK* (N) repräsentiert werden kann.

Pluralformen

Das Pluralmorphem des Paradigmas für Nomina, das als *-(e)s* geschrieben wird, tritt in Gestalt von drei Allomorphen auf. Welches dieser Allomorphe jeweils erscheint, hängt vom letzten Phonem des unflektierten Wortes ab. Die Verteilung der Allomorphe lässt sich mithilfe der folgenden drei Regeln beschreiben:

/ɪz/ erscheint nach /s z ʃ ʒ tʃ dʒ/, z. B. in *churches* /tʃɜ:tʃɪz/
/s/ erscheint nach stimmlosen Konsonanten, z. B. in *boots* /bu:ts/
/z/ erscheint nach allen anderen Phonemen, z. B. in *beds* /bedz/ oder *bees* /bi:z/

Es gibt jedoch auch einige Nomina im Englischen, die völlig andere, also nicht auf der Basis dieser Regeln vorhersagbare Pluralformen aufweisen. Dies trifft z. B. für *man*/Plural *men* zu, für *sheep*/Plural *sheep* und für *ox*/Plural *oxen*. Personenbezeichnungen wie *Bill* und Kollektivbezeichnungen wie *sugar* besitzen überhaupt keine Pluralformen.

Verbalflexion

Das Paradigma für Verben erlaubt fünf verschiedene Formen, obwohl bei den meisten Verben Präteritum und Partizip Perfekt gleichermaßen durch die Endung *-ed* markiert werden. Dieses Suffix hat ebenfalls drei unterschiedliche Allomorphe (/ɪd/, /t/ und /d/), deren Verteilung vom letzten Phonem des unflektierten Verbs abhängt, wie die folgenden Regeln zeigen:

/ɪd/ erscheint nach /t d/ wie in *wanted* /wɒntɪd/
/t/ erscheint nach stimmlosen Konsonanten wie in *stopped* /stɒpt/
/d/ erscheint nach allen anderen Phonemen wie in *moved* /mu:vd/ oder *freed* /fri:d/

Die Flexionsendung *-(e)s* für die 3. Person Singular Präsens des Verbs zeigt ebenfalls drei Allomorphe (/ɪz/, /s/ und /z/), deren Auftreten sich mithilfe der oben für die Pluralformen mit *-(e)s* angegebenen Regeln vorhersagen läßt. Es gibt ferner Verben, die Präteritum und Partizip Perfekt nicht mit *-ed* bilden. Dies ist z. B. bei *speak/spoke/spoken, sing/sang/sung, set/set/set* und *burn/burnt/burnt* der Fall.

Adjektivflexion

Das oben vorgestellte Adjektivparadigma gilt nur für solche Adjektive, die aus einer Silbe bestehen, wie etwa *tall*, sowie für aus zwei Silben bestehende Adjektive, sofern die zweite Silbe ein Vokal ist, wie dies bei *pretty* oder *shallow* der Fall ist. Bei allen anderen Adjektiven werden *more* und *most* zur Bildung der Steigerungsformen verwendet, z. B. bei *beautiful (more beautiful, most beautiful)*. Einige wenige Adjektive (darunter *atomic*) können gar nicht gesteigert werden.

Adverbien

Adverbien sind zwar eine der Wortarten, die nicht mit einem Flexionsparadigma in Verbindung gebracht werden, sie lassen sich aber dennoch aufgrund einer morphologischen Gemeinsamkeit charakterisieren. Morphologisch stellen sie sich in der Regel als Adjektive dar, an die das Affix *-ly* angefügt wurde (z. B. *rapid-ly*).

Präpo-sitionen

Im Unterschied zu den anderen Wortarten kann man Präpositionen nicht aufgrund morphologischer Gemeinsamkeiten beschreiben, denn bei ihnen handelt es sich um morphologisch invariable Wörter. Die Präpositionen bilden eine geschlossene Gruppe, d. h. es ist nicht möglich, durch Wortbildungsprozesse neue Präpositionen zu konstruieren. In semantischer Hinsicht gilt für Präpositionen, dass sie meist eine Position oder eine Richtung angeben, z. B. *on* the table oder *through* the woods.

4 Funktionale Kategorien

Begriff

Zusätzlich zu den fünf lexikalischen Kategorien gibt es im Englischen verschiedene Gruppen von Funktionswörtern. Dieser Begriff bezeichnet solche Wörter, die keine lexikalische Bedeutung haben, sondern vielmehr grammatische Beziehungen angeben. Die **funktionalen Kategorien** *(functional category)* im Englischen sind **Determiner** *(determiner)*, **Hilfsverb** *(auxiliary)* und Konjunktion. Zu den Determinern gehören die Artikel (der bestimmte Artikel *the* und der unbestimmte Artikel *a(n)*), die Demonstrativformen *this/these, that/those* sowie die Possessivpronomina *my, our, your, his, her, its* und *their*. Die Hilfsverben lassen sich in die nicht flektierbaren **Modalverben** *(modal) (can/could, will/would, shall/should, may/might, must)* und die flektierbaren Hilfsverben *have, be* und *do* unterteilen. Zu den häufigsten Konjunktionen gehören *and, or* und *but*.

5 Grundtypen morphologisch komplexer Wörter im Englischen

Wort-bildung

Morphologisch komplexe Wörter lassen sich als Ergebnisse von Wortbildungsprozessen auffassen, die man in Form von **Wortbildungsregeln** *(word formation rule, WFR)* beschreiben kann. Die beiden wichtigsten Wortbildungsprozesse im Englischen sind **Komposition** *(compounding)* und **Derivation/Ableitung** *(derivation)*. Die aus diesen beiden Prozessen resultierenden morphologisch komplexen Wörter unterscheiden sich hinsichtlich des Status ihrer Bestandteile. Komposita bestehen im Englischen aus zwei Wörtern. Bei *bookshop* und *textbook* etwa handelt es sich folglich um Komposita. Ableitungen hingegen setzen sich aus einer **Basis** *(base)* und einem Derivationsaffix zusammen. So ist z. B. *bookish* eine Ableitung, die mithilfe des Affixes *-ish* von der Wurzel *book* abgeleitet ist; *reader, reread* und *readable* sind mithilfe der drei Affixe *-er, re-* und *-able* von der Basis *read* abgeleitet. Um die Struktur morphologisch komplexer Wörter zu veranschaulichen, können Baumdiagramme oder eckige Klammern verwendet werden, wie die folgenden Beispiele illustrieren:

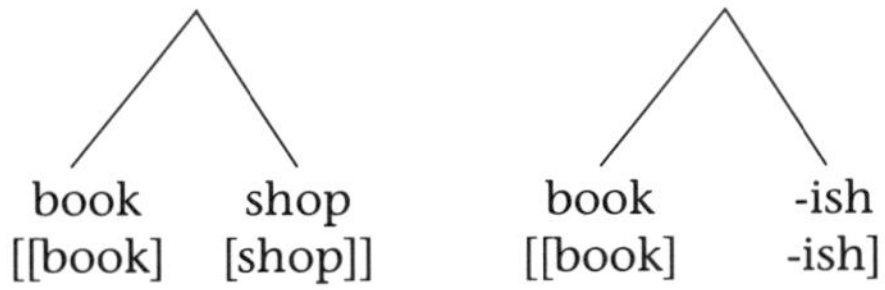

1 Die Struktur englischer Komposita

Komposita

Komposita lassen sich anhand von zwei Kriterien identifizieren.[1] In morphologischer Hinsicht handelt es sich um komplexe Formen, die aus zwei Wörtern bestehen. In phonologischer Hinsicht zeichnen sich Komposita dadurch aus, dass sie ein spezifisches Betonungsmuster aufweisen. Es ist typisch für ein englisches Kompositum, dass das erste Wort die Hauptbetonung (´) trägt, während das zweite Wort einen untergeordneten Wortakzent (`) erhält, wie die beiden Beispiele zeigen:

boókcàse textboòk

Kombination

Komposita können aus den Wortarten Nomen (N), Verb (V), Adjektiv (A) und Präposition (P) zusammengesetzt sein, wobei im Englischen allerdings nur bestimmte Kombinationen möglich sind:

N	+ N	apple tree
A		bluebird
V		swearword
P		overcoat
N	+ A	headstrong
A		widespread
P		overripe
P	+ V	offset

PA, PV

Bei den Kombinationen PA und PV unterscheidet sich allerdings das Betonungsmuster von dem für Komposita sonst üblichen (´`). In diesen beiden Fällen wird das für Komposita charakteristische Betonungsmuster umgekehrt:

ovèrrípe
ovèreát

Kopf

Stets ist es bei einem englischen Kompositum das zweite Element, also das Element auf der rechten Seite, das die Wortart des Kompositums bestimmt. Dieses Element wird deshalb als **Kopf** *(head)* des Kompositums bezeichnet. Die folgenden Beispiele illustrieren die Struktur englischer Komposita sowie das Prinzip des Kopfes:

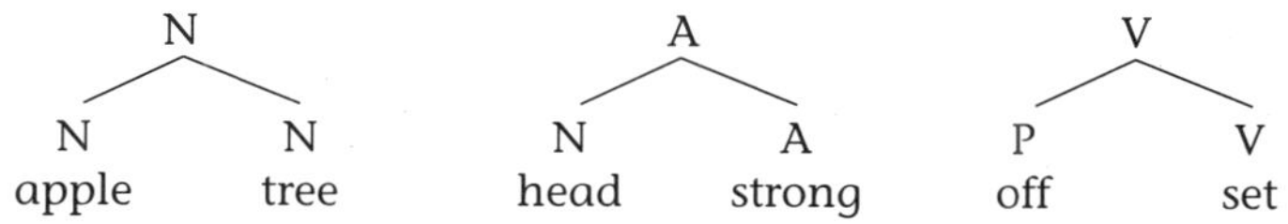

[[apple]$_N$ [tree]$_N$]$_N$ [[head]$_N$ [strong]$_A$]$_A$ [[off]$_P$ [set]$_V$]$_V$

Die Wortart des Kompositums wird in allen drei Fällen durch das Element auf der rechten Seite bestimmt; in *headstrong* z. B. werden ein Nomen und ein Adjektiv zu einem Adjektiv verknüpft. Verwendet man eckige Klammern, dann wird, wie die obigen Beispiele zeigen, jedes der beiden Wörter von Klammern umschlossen, und die rechte Klammer erhält eine Markierung für die Wortart. Ein weiteres Paar eckige Klammern umschließt beide Elemente; auch hier wird wieder die rechte Klammer mit einer Markierung für die Wortart versehen.

Zweigliedrigkeit

Bei den Elementen, aus denen ein Kompositum besteht, kann es sich sowohl um Wurzeln als auch um Wörter, die ihrerseits wieder Komposita sind, handeln. Das Kompositum besteht aber in jedem Fall immer aus zwei unmittelbaren Elementen oder **Konstituenten** *(constituent)*. Dies illustriert die Struktur der folgenden Komposita:

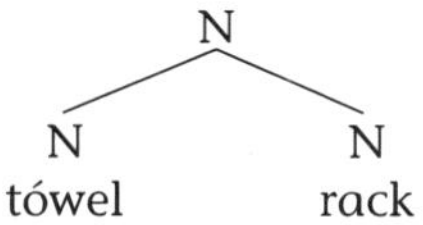

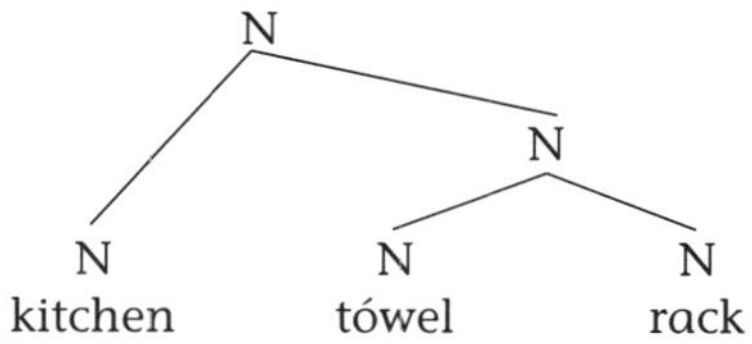

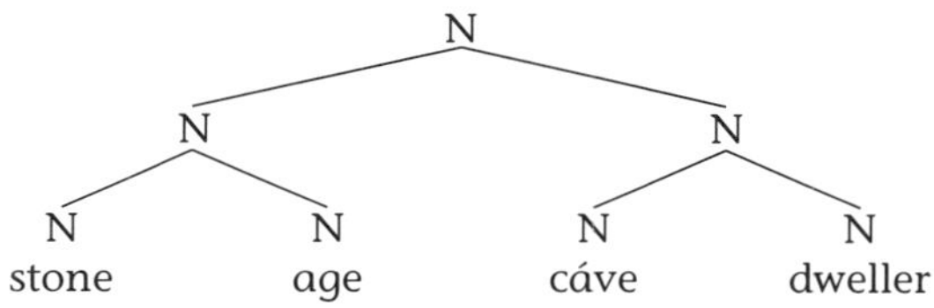

1 Vgl. zur Komposition vor allem Selkirk.

Handelt es sich bei der zweiten Konstituente um ein Kompositum, so fällt die Hauptbetonung auf das erste Element der zweiten Konstituente.

2 Die Interpretation englischer Komposita

Sekundäre Motivation

Im Gegensatz zu Wurzeln, die als einfache Zeichen keinerlei Motivation in der Beziehung zwischen Lautbild und Bedeutung aufweisen, können zusammengesetzte Wörter eine **sekundäre Motivation** *(secondary motivation)* besitzen: Bestehen Wörter aus mehreren Zeichen, dann ist zu erwarten, dass die Bedeutung des morphologisch komplexen Wortes aus der Bedeutung der Bestandteile und der Anordnung dieser Bestandteile im Wort hergeleitet werden kann.

Hyponyme

Bei einem Kompositum spielt der rechte Bestandteil, der Kopf, in diesem Zusammenhang eine besondere Rolle, denn das rechte Wort bestimmt typischerweise die Grundbedeutung eines Kompositums. Die Bedeutung des Kompositums ist somit ein **Hyponym** *(hyponym)* der Bedeutung des rechten Wortes. Das erste Element spezifiziert die Bedeutung des Kompositums. Dies wird z. B. bei einem Vergleich der Komposita *fire wood* und *wood fire* deutlich. Beide Komposita sind aus denselben Elementen zusammengesetzt, und es ist offensichtlich die Reihenfolge der Bestandteile, die über die Bedeutung des Kompositums entscheidet. Das Element auf der rechten Seite ist in beiden Fällen dasjenige Element, das die Grundbedeutung angibt, während der linke Bestandteil die Bedeutung spezifiziert. Deshalb handelt es sich bei *fire wood* um Holz für ein Feuer, während ein *wood fire* ein Feuer ist, in dem Holz verbrennt. Das erste Kompositum bezeichnet folglich eine bestimmte Art von Holz, das zweite dagegen eine bestimmte Art von Feuer.

Transparenz

Ein Kompositum, dessen Bedeutung mithilfe dieser Hyponym-Strategie erschlossen werden kann, wird als **transparent** *(transparent)* bezeichnet. Die Bedeutung transparenter Komposita lässt sich selbst dann erschließen, wenn man zum ersten Mal mit ihnen konfrontiert wird.

3 Lexikalisierte Komposita

Lexikalisierung

Neben den transparenten Komposita gibt es im Englischen auch Wörter, die zwar aufgrund ihrer morphologischen Struktur und ihres Betonungsmusters als Komposita klassifiziert werden können, bei denen sich aber zwischen den Bestandteilen und der

Bedeutung des Kompositums keine Verbindung herstellen lässt. Hierzu zählen Wörter wie *dumbwaiter*, *greenhouse* oder auch *understand*. Für sich genommen (als Wurzeln also), besitzt zwar in allen drei Fällen jeder der beiden Bestandteile eine Bedeutung, aber die übliche Bedeutung dieser Komponenten hat keinen Bezug zu der des aus ihnen gebildeten Kompositums. Komposita wie die oben erwähnten werden als lexikalisiert oder unmotiviert bezeichnet. Lexikalisierte Komposita zeigen keine sekundäre Motivation; sie sind also nicht transparent, sondern hinsichtlich der Zeichenbeziehung unmotiviert, d. h. ihre Bedeutung kann nicht aus den Bestandteilen erschlossen werden. Morphologisch gesehen handelt es sich zwar um Komposita, aber hinsichtlich ihrer Bedeutung verhalten sie sich wie einfache sprachliche Zeichen. Deshalb müssen solche Formen Teil der mentalen Wortliste des Sprechers sein. Aber auch bei lexikalisierten Komposita ist es stets die rechte Komponente, die die Wortart bestimmt.

4 Partiell motivierte Komposita

Partielle Motivation

Neben transparenten und lexikalisierten Komposita gibt es auch solche, die eine partielle Motivation aufweisen. Solche Komposita nehmen eine Zwischenstellung zwischen transparenten und unmotivierten/lexikalisierten Komposita ein. Bei einem partiell motivierten Kompositum ist die Bedeutung des rechten Bestandteils für die Bedeutung des Kompositums relevant. Hingegen besitzt das andere Element entweder eine für die Gesamtbedeutung irrelevante Bedeutung, oder es handelt sich um ein Formativ ohne Bedeutung.

-berry

Dies wird z. B. bei den *-berry*-Komposita deutlich, wie etwa *cranberry*, *huckleberry*, *boysenberry*, *strawberry*, *gooseberry*, *raspberry*. Das rechte Element *(berry)* gibt offensichtlich die Grundbedeutung des Kompositums zu erkennen. Das erste Element hingegen ist entweder ein nicht wiederholt auftretendes Formativ *(cran-*, *huckle-*, *boysen-)* oder eine wiederholt auftretende Form, die aber keine für die Interpretation des Kompositums relevante Bedeutung aufweist. Im Fall von *gooseberry* etwa ist sicherlich kaum ein Bezug zwischen dem Bestandteil *goose* und der Bedeutung des Kompositums herzustellen.

Derivation

Neben Komposition ist Derivation/Ableitung der zweite wichtige Wortbildungsprozess im Englischen.[2] Man spricht von einer Ableitung, wenn man es mit einem Wort zu tun hat, das aus einem Affix und einer Basis besteht. Es gibt zwei Arten von Affixen. Affixe können entweder vor der Basis – als **Präfixe** *(prefix)* – oder danach – als **Suffixe** *(suffix)* – erscheinen. Die entsprechenden Wortbildungsprozesse werden als Präfigierung bzw. Suffigierung bezeichnet.

Beispiel

Auch bei Derivation bestimmen die Bestandteile des morphologisch komplexen Wortes und die Reihenfolge dieser Bestandteile wieder die Wortart und die Bedeutung des Wortes. So kann das Suffix *-er* an eine Basis wie *open*, ein Verb also, angefügt werden, um ein Nomen *(opener)*, das einen Handelnden bzw. ein Instrument angibt, abzuleiten:

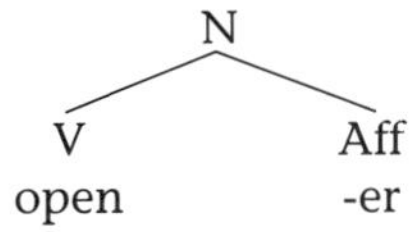

Beispiel

Das Präfix *re-* kann mit derselben Basis verbunden werden, um eine Wiederholung der durch das Verb angegebenen Aktivität auszudrücken *(reopen)*. Bei der Ableitung handelt es sich in diesem Fall ebenfalls um ein Verb:

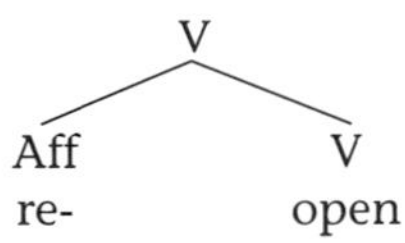

Kopf

Wie diese Beispiele bereits zeigen, ist es bei Ableitungen, wie auch bei Komposita, das rechte Element, das die Wortart des morphologisch komplexen Wortes bestimmt, also als Kopf fungiert. Ein Suffix kann daher als Kopf einer Ableitung betrachtet werden, Präfixe dagegen modifizieren zwar die Bedeutung der Basis, haben aber keinen Einfluss auf die Wortart der Ableitung. Präfixe verhalten sich also charakteristischerweise hinsichtlich der Wortart neutral. Diese Eigenschaften der Bestandteile illustrieren auch die folgenden Beispiele, bei denen das Suffix mit einer Markierung versehen wurde, um seinen Einfluss auf die Wortart zu zeigen:

Suffigierung

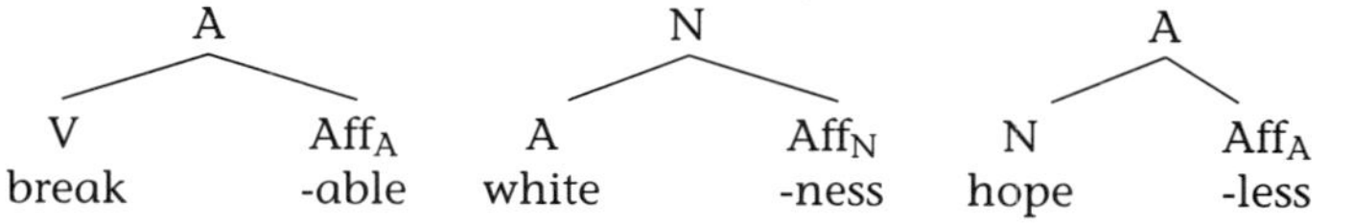

Präfigierung

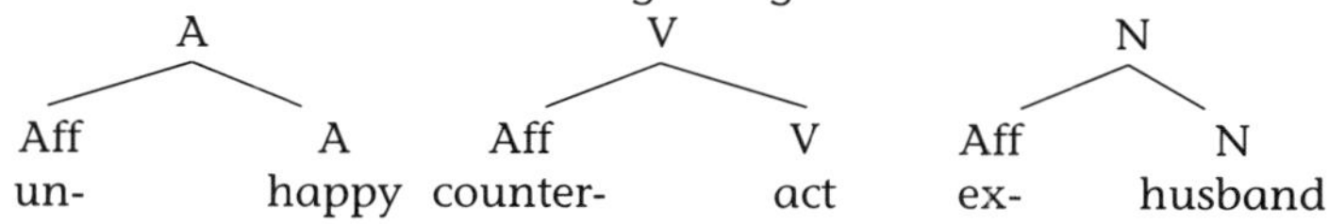

Ausnahmen

Wie die obigen Beispiele gezeigt haben, bestimmen Präfixe in der Regel nicht die Wortart der Ableitung. Bei den drei englischen Präfixen *a-*, *en-* und *be-* scheint dies jedoch anders zu sein, denn in den mit ihnen gebildeten Ableitungen ist es nicht die Basis, die die Wortart bestimmt, sondern das Präfix:

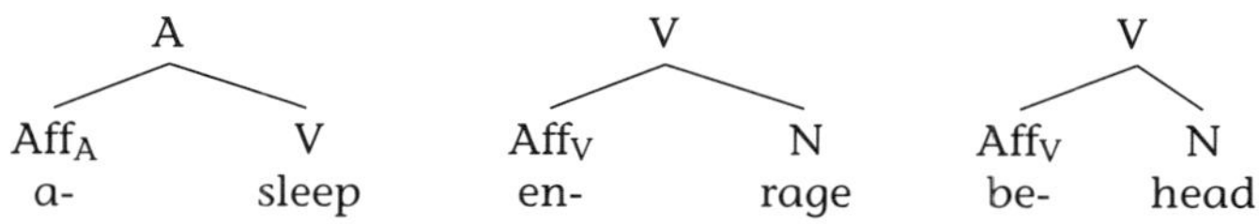

Diese Präfixe treten nur mit einer sehr kleinen Gruppe von Wörtern auf. Sie machen auf sich aufmerksam, weil sie vom Grundprinzip englischer Wortbildungsprozesse abweichen. Dieses besagt, dass der Kopf eines morphologisch komplexen Wortes rechts steht.

Zweigliedrigkeit

Ebenso wie Komposita bestehen Ableitungen immer aus zwei Komponenten, die sich ihrerseits wiederum aus zwei Elementen zusammensetzen können, wie das Wort *unreliability* veranschaulicht:

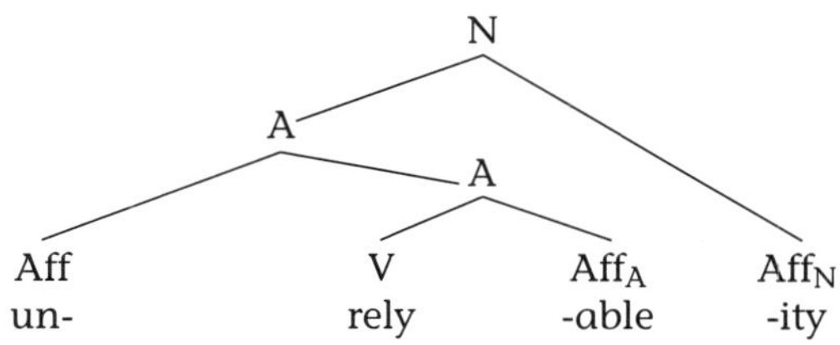

2 Vgl. zur Derivation vor allem Aronoff, Matthews sowie Selkirk.

Im Prozess der Derivation wird in diesem Fall zunächst ein Verb *(rely)* mit dem Adjektiv-Affix *-able* verknüpft, um das Adjektiv *reliable* zu bilden. Dieses Adjektiv wird dann mit dem Präfix *un-* negativiert, und im letzten Schritt leitet das Nomen-Suffix *-ity* ein Nomen von dem negativierten Adjektiv ab.

6 Die Interpretation englischer Ableitungen und Wortbildungsregeln

Wortbildungsregeln

Unter den Ableitungen findet man sowohl sekundär motivierte Zeichen, also transparente Formen, als auch lexikalisierte Wörter, die weniger Transparenz aufweisen. Bei transparenten Ableitungen lässt sich die Bedeutung des morphologisch komplexen Wortes ausgehend von der Bedeutung der Bestandteile und deren Reihenfolge im Wort erschließen. Ableitungen lassen sich als Ergebnis der Anwendung von Wortbildungsregeln auffassen. Einige dieser Wortbildungsregeln können mit einer Fülle von transparenten Ableitungen in Verbindung gebracht werden. Ein Beispiel dafür ist die Regel für das Suffix *-ness*, das sich in einer unüberschaubar großen Zahl von Nomina wiederfindet; diese Regeln gelten als produktiv. Ableitungen, die auf weniger produktiven Wortbildungsregeln basieren, also auf solchen, die eine geringere Anzahl morphologisch komplexer Wörter zu erklären vermögen, können bezüglich ihrer Bedeutung weniger transparent sein. Dies verdeutlicht ein Vergleich der *-ness*-Regel und der *-ity*-Regel, die beide abstrakte Nomina von Adjektiven ableiten. Bei der ersten dieser beiden Regeln kann nahezu jedes Adjektiv als Basis für das abstrakte Nomen dienen, und die Bedeutung der Ableitung kann als „the state of being A" beschrieben werden: So bedeutet *activeness* „the state of being active" und *sensibleness* „the state of being sensible". Für die *-ity*-Regel lässt sich dagegen keine solch generelle Beschreibung der Bedeutung der abgeleiteten Formen erstellen. Bei dem Nomen *activity* kann eine ähnliche Bedeutung wie bei dem Nomen *activeness* bestehen, aber in den meisten Fällen ist die Bedeutung konkreter – nämlich „etwas, das man tut". Bei *sensibility* hat man es dagegen immer mit einer abstrakten Bedeutung zu tun („Empfindsamkeit").

7 Konversion

Begriff

Neben Wortpaaren wie *open/opener*, bei denen ein Wort offensichtlich mithilfe eines Derivationsaffixes von einer Basis abgeleitet wird, weist der englische Wortschatz auch Wortpaare wie die folgenden auf:

seat (N)	seat (V)
swim (V)	swim (N)
calm (A)	calm (V)

Diese Fälle erklärt man im allgemeinen als Resultat von **Konversion** *(conversion)*. Die Wortpaare scheinen auf eine besondere Art von Derivation zurückzuführen zu sein, bei der die Richtung des Derivationsprozesses nicht durch ein explizites Affix signalisiert wird. Eine Möglichkeit, die Struktur von Formen wie den obigen zu beschreiben, besteht darin, anzunehmen, dass eine Wortart einfach in eine andere verwandelt wird. Im Falle von *seat* (N) vs. *seat* (V) würde das bedeuten, dass das Nomen einfach in ein Verb umgewandelt wird. Dies läßt sich folgendermaßen darstellen:

$[[\text{seat}]_N]_V$

Nullaffix

Wenn man das Wort aber als Resultat eines normalen Suffigierungsprozesses betrachtet und einen Kopf für die abgeleitete Form angeben will, dann kann man auch davon ausgehen, dass Konversion das Resultat der Suffigierung eines formal leeren Affixes, eines **Nullaffixes** *(zero affix)*, darstellt:

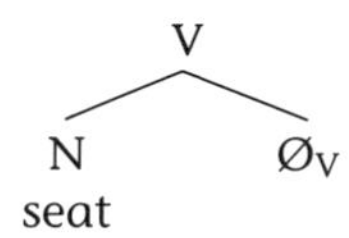

Das Nullaffix dient dazu, Art und Richtung des Derivationsprozesses zu bestimmen.

Konversionstypen

Im Englischen finden sich drei Typen von Konversion:

N —> V
V —> N
A —> V

Die Bedeutungen der beiden Elemente in solchen Wortpaaren lassen meist auf die Richtung des Konversionsprozesses schließen: Ein von einem Nomen abgeleitetes Verb bringt eine Tätigkeit zum Ausdruck, die die Bedeutung des Nomens beinhaltet: *seat* (N) —> *seat* (V) *„to provide with a seat"*. Ein von einem Verb abgeleitetes Nomen gibt das Auftreten der durch das Verb ausgedrückten Aktivität an: z. B. *swim* (V) —> *swim* (N) *„a swim"*. Ein von einem Adjektiv abgeleitetes Verb schließlich beschreibt den Prozess, der zu der durch das Adjektiv ausgedrückten Eigenschaft führt: *calm* (A) —> *calm* (V) *„to make calm"*.

Transparenz

Wie auch sonst bei Ableitungen kann die Beziehung zwischen Basis und abgeleiteter Form unterschiedliche Grade an Transparenz aufweisen. So bedeutet *to open a window* „verursachen, dass ein Fenster offen ist", aber *to chair a meeting* hat die Bedeutung „einem Treffen vorsitzen", und *to floor someone* heißt „jemand niederschlagen".[3]

6 Produktivität und das Lexikon

Lexikon

Man kann sich das mentale Lexikon eines Sprechers als Liste der Wörter vorstellen, die ihm zur Verfügung stehen. Bei einem Teil dieser Wörter handelt es sich um Wurzeln, also einfache Zeichen, während andere Wörter das Ergebnis von Wortbildungsprozessen wie Komposition und Derivation darstellen und oft sekundäre Motivation aufweisen. Die Struktur morphologisch komplexer Wörter kann zwar als Resultat der Anwendung von Wortbildungsregeln betrachtet werden, das heißt aber nicht, dass morphologisch komplexe Wörter jedes Mal, wenn sie vom Sprecher verwendet werden, neu konstruiert werden. Sie existieren vielmehr bereits im mentalen Lexikon des Sprechers, sind Teil seines sprachlichen Wissens, und die Wortbildungsregeln erklären die Struktur dieser Wörter sowie deren Interpretation. Daher weiß der Sprecher z. B., dass es zu dem Adjektiv *happy* ein entsprechendes abstraktes Nomen *happiness* gibt; folglich interpretiert er das abstrakte Nomen aufgrund von dessen Beziehung zu dem zugrunde liegenden Adjektiv. Nicht transparente morphologisch komplexe Wörter müssen ohnehin Teil der mentalen Wortliste eines Sprechers sein, um überhaupt von ihm verwendet werden zu können.

Produktivität

Das mentale Lexikon jedes Sprechers ist aber zugleich auch unbegrenzt. Der Hauptgrund dafür liegt in der Produktivität, die die Morphologie eröffnet: Sowohl die Wortbildungsregeln für Komposition als auch viele Derivationsregeln erlauben es dem Sprecher, neue sekundär motivierte Wörter zu bilden und von anderen neu gebildete Wörter zu interpretieren. Dieses Phänomen wird als Regelproduktivität bezeichnet. Kompositionsprozesse, die zwei Nomina involvieren, stellen die Grundlage für den häufigsten Typ englischer Komposita dar, zu dem Wörter wie *water faucet*, *water carrier* und *water pollution* zählen. Ein Sprecher könnte durchaus neue Komposita wie *water light* oder *water weight* nach dem Muster bereits existierender Wörter bilden. Auch ausgehend von solchen Derivationsregeln, die lange Listen von Wörtern zu einander in Bezug setzen, wie dies etwa bei der *-y*-Regel oder der *-ness*-Regel der Fall ist, kann der Sprecher neue Wörter konstruieren, die er noch nie zuvor gehört hat: So könnte man in Analogie zu den Formen *leaf / leafy / leafiness* auch andere Formen mit vorhersagbaren Bedeutungen bilden, z. B. *box / boxy / boxiness* oder *beer / beery / beeriness* – letzteres mit den Bedeutungen „wie Bier" und „der

Zustand des wie Bier Seins". Bei solchen kreativen Neubildungen hat der Sprecher aufgrund seiner Vertrautheit mit ähnlichen Formen u. U. nicht einmal das Gefühl, dass es sich um gänzlich neue Formen handelt.

7 Zusammenfassung

In diesem Kapitel standen die Charakteristika des englischen Wortschatzes, der mentalen Wortlisten von Sprechern, im Mittelpunkt. Zum Wortschatz gehören zum einen Wurzeln, einfache Zeichen, bei denen die Beziehung zwischen Lautbild und Bedeutung unmotiviert ist, und zum anderen morphologisch komplexe Wörter, die das Ergebnis eines Kompositionsprozesses oder der Anwendung einer Derivationsregel darstellen. Wortbildungsregeln erklären die Struktur morphologisch komplexer Wörter und bieten zudem die Grundlage für sekundäre Motivation, d. h. die Möglichkeit, die Bedeutung von Wörtern ausgehend von der Bedeutung ihrer Bestandteile und der Anordnung dieser Bestandteile zu interpretieren. Ebenso wie die Wurzeln sind die morphologisch komplexen Wörter normalerweise Bestandteil der mentalen Wortliste des Sprechers und werden nicht bei jedem Auftreten neu konstruiert. Aber die Existenz von Wortbildungsregeln, die große Gruppen von Formen zu einander in Bezug setzen, verleiht dem Wortschatz des Sprechers dennoch in gewisser Hinsicht einen unbegrenzten Charakter, ermöglichen diese Regeln es doch, neue sekundär motivierte Formen zu bilden, wenn die Gesprächssituation dies erfordert.[4]

3 Vgl. zur Konversion vor allem Marchand und Olsen.

4 Als vertiefende und weiterführende Literatur zur Morphologie sind besonders zu empfehlen: O'Grady/Dobrovolsky/Aronoff, Kap. 4; Matthews, Kap. 4 und 5 sowie Pinker, Kap. 5.

5 KAPITEL Grundlagen der Orthographie und die englische Rechtschreibung

"Can you spell, Buck?" "Yes," he says. "I bet you can't spell my name," says I. "I bet you what you dare I can," says he. "All right," says I, "go ahead." "G-o-r-g-e J-a-x-o-n – there now," says he. "Well," says I, "you done it, but I didn't think you could. It ain't no slouch of a name to spell – right off without studying."

MARK TWAIN, *»Huckleberry Finn«*

1 Schriftsysteme

Alphabet

Ein Schriftsystem besteht aus einem Satz graphischer Symbole, mit denen Sprache schriftlich dargestellt werden kann.[1] Das Englische wird ebenso wie viele andere Sprachen nach dem Prinzip des **Alphabets** *(alphabet)* geschrieben. In einem alphabetischen Schriftsystem werden die in der Schrift verwendeten Symbole, die **Buchstaben** *(letter)*, eingesetzt, um jene Phonemfolgen zu repräsentieren, welche die Lautbilder der Sprache ausmachen. Dabei werden Wörter durch Symbole für Konsonanten und Vokale repräsentiert. Wortgrenzen werden zudem durch Abstände zwischen den Wörtern markiert:

A cat sat on a mat.

Außerdem besteht die Konvention, das erste Wort eines Satzes mit einem Großbuchstaben beginnen zu lassen. Jedes Symbol des Alphabets besitzt eine traditionelle Form, die aber grundsätzlich willkürlich gewählt ist. Wenn wir z. B. den Großbuchstaben *A* am Anfang des obigen Satzes mit dem Kleinbuchstaben *a* in *cat*, *sat*, *a* und *mat* vergleichen, wird bereits deutlich, dass ein und derselbe Buchstabe durchaus in unterschiedlichen Formen erscheinen kann. Symbole, die nicht identisch aussehen, können also dennoch demselben Buchstaben entsprechen. Auch wird in Handschriften derselbe Buchstabe oft recht verschieden gestaltet, und uns ist trotzdem klar, dass es sich um denselben Buchstaben handelt.

Alternativen

Die Symbole eines Schriftsystems können aber grundsätzlich nicht nur Konsonanten und Vokale, sondern auch andere sprachliche Einheiten repräsentieren. Sie können nämlich auch bedeutungstragenden Elementen der Sprache, also Wörtern oder Morphemen, entsprechen. Im englischen Schriftsystem ist es möglich, Wörter wie *first* oder *second* als *1st* oder *2nd* zu schreiben. In diesem

Fall liegen offensichtlich Abweichungen vom oben beschriebenen alphabetischen Prinzip vor, denn ein einzelnes Symbol *(1* bzw. *2)* repräsentiert hier keinen Konsonanten oder Vokal, sondern eine Phonemfolge, eine Silbe: /fɜ:/ bzw. /sek/. Verwendet man die Symbole *1* und *2* alleine, so entsprechen sie ganzen Wörtern *(one* und *two)*. Die Tatsache, dass z. B. das Symbol *3* im Englischen *three*, im Deutschen *drei*, im Französischen *trois* und im Türkischen *üç* repräsentiert, spricht ebenfalls dafür, dass solche Symbole eher ein Wort als eine bestimmte Folge von Phonemen darstellen.

Silbenzeichen und Logogramme

Derartige Beispiele zeigen, dass ein einzelnes graphisches Symbol grundsätzlich auch zur Darstellung einer Silbe oder sogar eines ganzen Wortes eingesetzt werden kann. Darüber hinaus illustrieren sie, dass es möglich ist, dasselbe Symbol auf verschiedene Weisen zu verwenden. Symbole, die Silben repräsentieren, werden als **Silbenzeichen** *(syllabogram)* bezeichnet und Symbole, die Wörtern entsprechen, als **Logogramme** *(logogram)*. Die drei Möglichkeiten, sprachliche Einheiten durch Symbole zu repräsentieren, werden in der folgenden Werbung für eine Biermarke spielerisch eingesetzt:[2]

In dieser Werbung wird das Rebusprinzip verwendet, das auf der Möglichkeit basiert, von Wörtern, die sich relativ leicht mithilfe von Bildern darstellen lassen, Gebrauch zu machen, um auf diese Weise ähnlich klingende Wörter oder Silben zu repräsentieren. Das erste Wort setzt sich zusammen aus „H-eye-knee-can". Die Darstellung besteht in diesem Fall aus dem Buchstaben *H* plus drei

1 Vgl. zur Typologie und Geschichte der Schriftsysteme vor allem Coulmas, Gelb und Sampson.
2 Abbildung aus Harris, S. 149.

Silbenzeichen. Die drei Symbole in der letzten Zeile fungieren dagegen als Logogramme: „can not reach“. Die Interpretation der gesamten Symbolfolge „Heineken refreshes the parts other beers cannot reach“ ist zwar relativ schwierig zu erschließen, aber vor allem deshalb, weil die verwendeten Konventionen uns nicht vertraut sind.

Beispiele

In der englischen **Orthographie** *(orthography)* wird von Silbenzeichen nur in sehr begrenztem Maße Gebrauch gemacht. Logogramme finden hauptsächlich bei der Darstellung von Zahlen Verwendung. Andere Sprachen werden dagegen durchgängig syllabisch geschrieben, so etwa Arabisch, oder in erster Linie logographisch, wie z. B. Chinesisch. Im arabischen Schriftsystem repräsentiert das individuelle Schriftzeichen eine Folge von Konsonant plus Vokal, wobei der Konsonant feststeht, der Vokal hingegen von dem jeweiligen Wort abhängt.

ك = ka, ki, ku

ت = ta, ti, tu und

ب = ba, bi, bu

Diese drei Silbenzeichen können z. B. zu dem Wort *kataba* („er schrieb“) kombiniert werden: كتب. (Im Gegensatz zu den europäischen Sprachen wird Arabisch bekanntlich von rechts nach links geschrieben.) Die folgende Darstellung gibt einen Überblick über alle arabischen Silbenzeichen:[3]

ج /ǧ/	ث /ṯ/	ت /t/	ب /b/	ا /ʾ/, /a:/
ر /r/	ذ /ḏ/	د /d/	خ /ḫ/	ح /ḥ/
ض /ḍ/	ص /ṣ/	ش /š/	س /s/	ز /z/
ف /f/	غ /ġ/	ع /ʿ/	ظ /ẓ/	ط /ṭ/
ن /n/	م /m/	ل /l/	ك /k/	ق /ḳ/
	ى /j/, /i:/	و /w/, /u:/	ه /h/	

Im chinesischen Schriftsystem repräsentiert ein Symbol ein Wort, wie z. B. 眉 méi = „Augenbraue“, 木 mù = „Baum“ oder 東 tūŋ = „Osten“.[4] Da die Zahl der Wörter in einer Sprache natürlich ungeheuer groß ist, erfordert ein Schriftsystem wie das chinesische eine enorm hohe Anzahl verschiedener Symbole.

1 Der Ursprung der Schrift

Piktogramme

Kein Mensch weiß, wie weit zurück in der Geschichte der Menschheit der Zeitpunkt der Entstehung menschlicher Sprache anzusetzen ist. Der Beginn der Verwendung von Schriftsystemen liegt dagegen „nur“ rund 5000 Jahre zurück. Allgemein wird angenommen, dass die Schrift sich aus bildhaften Darstellungen entwickelt hat. Bildhafte Darstellungen – **Piktogramme** *(pictogram)* – werden auch heute noch verwendet, um Informationen zu übermitteln, wie die folgenden Piktogramme, die uns in unserem Alltag immer wieder begegnen, exemplarisch zeigen:

Piktogramme vs. Schrift

Bei Piktogrammen handelt es sich allerdings nicht um ein Schriftsystem, da sie dem Betrachter zwar Informationen übermitteln, dies jedoch ohne die Verwendung von Sprache tun. Wir haben es aber nur dann mit Schrift zu tun, wenn Einheiten einer bestimmten Sprache von bildhaften Darstellungen repräsentiert werden. Die folgenden Abbildungen zeigen verschiedene Möglichkeiten, eine Bedeutung wie *three sheep* darzustellen:

(a)

(b)

3 Coulmas, S. 152

4 Beispiele aus Sampson, S. 151.

Man könnte *three sheep* mithilfe eines Piktogramms (a) abbilden. In diesem Fall kann man jedoch nicht von einem Schriftsystem sprechen, denn die Bilder lassen sich nicht mit bestimmten Wörtern in Verbindung bringen. In Abbildung (b) dagegen können wir jedem der beiden Wörter ein Symbol zuweisen; wir können also ein Symbol für *sheep* und eins für *three* identifizieren, und damit ist die Grundvoraussetzung dafür erfüllt, dass man von einem Schriftsystem sprechen kann.

Die erste Schrift

Die ersten Belege für Versuche, Sprache schriftlich zu fixieren, stammen etwa aus dem Jahr 3200 v. Chr. aus Mesopotamien, dem Zweistromland, das in etwa auf dem Gebiet des heutigen Irak lag. Die ältesten erhaltenen Schriftzeichen wurden verwendet, um Sumerisch darzustellen, die Sprache also, die in der Stadt Sumer gesprochen wurde. Das dieser Schrift zugrundeliegende Prinzip war primär logographisch, d. h. die einzelnen Symbole entsprachen Wörtern. Die sumerischen Symbole hatten ursprünglich bildhaften Charakter, waren aber bereits mit bestimmten Wörtern verbunden, und folglich handelte es sich um eine echte Schrift.

Entwicklung der Schrift

Ein logographisches Schriftsystem muss aber nicht notwendig bildhaft sein. Die Entwicklung der sumerischen Schriftzeichen zeigt, dass die Symbole ihre Ähnlichkeit mit den Bildern, auf die sie zurückgehen, immer mehr verlieren und schließlich als völlig willkürliche Symbole mit keinem offensichtlichen Bezug zu den früheren bildhaften Darstellungen erscheinen:[5]

,Vogel'

,Fisch'

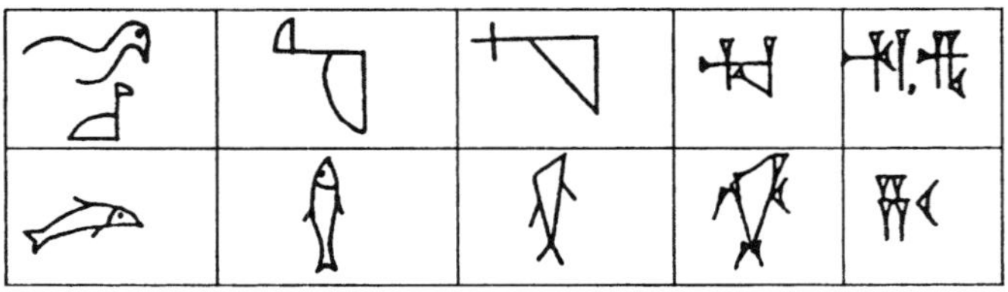

Rebusprinzip

Aufgrund der großen Anzahl von Symbolen, die für eine rein logographische Schrift benötigt würde, bringt ein solches Schriftsystem gewisse Schwierigkeiten mit sich. Dies erklärt wohl auch, weshalb selbst das älteste bekannte Schriftsystem neben logographischen Symbolen auch schon solche enthielt, die zur Darstellung von Silben verwendet werden konnten. Die Silbenzeichen sind im sumerischen Schriftsystem über das oben erläuterte Rebusprinzip abgeleitet worden, indem ein Symbol, das sonst ein Wort repräsentierte, zusätzlich eingesetzt wurde, um solche Silben darzustellen, deren Aussprache der des jeweiligen Wortes ähnlich war. Im Falle der oben erwähnten Werbung für Heineken sieht man, dass diese Vorgehensweise sich in der Verwendung eines Wortsymbols wie

zur Darstellung der Silbe /kæn/ wiederfindet. Aufgrund des Rebusprinzips verfügte das sumerische Schriftsystem neben dem Satz von Wortsymbolen auch über einen Satz von Silbenzeichen. Diese konnten z. B. verwendet werden, um Logogramme beim Schreiben morphologisch komplexer Wörter zu ergänzen oder um solche Wörter zu schreiben, für die es kein eigenes Logogramm gab.

2 Syllabische Schriften

Phonetisierung

Der historische Schritt von der Repräsentation bedeutungstragender Elemente – Wörter – zur Darstellung lautlicher Einheiten – Silben – durch einzelne Symbole wird als **Phonetisierung** *(phonetization)* bezeichnet. Er kann als wichtigster Entwicklungsschritt in der Geschichte der Schrift angesehen werden. Wenn Wörter auf der Basis ihrer phonologischen Struktur repräsentiert werden können, so hat dies eine drastische Reduktion der Zahl der erforderlichen Symbole zur Folge; denn während der Wortschatz jeder Sprache Tausende von Wörtern umfasst, ist die Zahl der möglichen Silben verhältnismäßig gering. Mithilfe einer Silbenschrift kann mit einer relativ kleinen Anzahl von Symbolen jedes beliebige Wort schriftlich dargestellt werden. Wie viele Symbole in einem syllabischen Schriftsystem erforderlich sind, hängt von der Silbenvielfalt der jeweiligen Sprache ab. In der Geschichte der Schrift erfolgte die Entwicklung zu einer Silbenschrift ohne Logogramme erstmalig um 1300 v. Chr. bei den Semiten im Gebiet des heutigen Syrien, Libanon und Palästina. Syllabische Schriften wurden also ursprünglich zur Darstellung semitischer Sprachen, wie etwa dem Phönizischen, verwendet. Die Schrift der Phönizier setzte sich aus 22 Symbolen zusammen, wobei jedes Symbol einen bestimmten Konsonanten plus einen unbestimmten Vokal darstellte. So repräsentierte z. B. das Symbol 𐤁 mit dem Namen *beth* „Haus" eine Silbe, die aus dem Konsonanten /b/ plus einem der phönizischen Vokale bestand.

5 Abbildung aus Haarmann, S. 229.

Das erste Alphabet

Etwa im 9. Jh. v. Chr. übernahmen die Griechen die Schrift von den Phöniziern, modifizierten das Schriftsystem aber dahingehend, dass nunmehr einzelne Phoneme und nicht mehr Silben durch Schriftzeichen repräsentiert wurden. Das Symbol 𐤁 wurde z. B. zur Darstellung von /b/ verwendet und nicht mehr zur Repräsentation des Konsonanten /b/ plus Vokal. Vokale wurden nun durch eigene Symbole dargestellt. Für die Vokalphoneme wurden entweder Schriftzeichen der phönizischen Schrift verwendet, denen im Griechischen kein Lautwert entsprach, oder aber es wurden zusätzliche Symbole eingeführt. Drei Silbenzeichen – 𐤀 *alep*, das im Phönizischen mit Knacklaut [ʔ] beginnende Silben repräsentierte, 𐤉 *jod*, das mit [j] beginnenden Silben entsprach, und 𐤅 *waw*, das für mit [w] beginnende Silben stand, – wurden übernommen, um die Grundvokale /a i u/ darzustellen. Das Symbol für den Vokal /oː/, *omega Ω*, sowie die Buchstaben für die Konsonanten /f/ *(phi Φ)*, /kʰ/ *(chi X)* und /ps/ *(psi Ψ)* wurden neu eingeführt. Damit war das Alphabet entstanden, ein Schriftsystem, in dem die Schriftzeichen individuellen Phonemen zugeordnet sind. Die Griechen übernahmen von den Phöniziern nicht nur die Symbole selbst, sondern häufig auch die Namen der Symbole, allerdings ohne deren phönizische Bedeutungen. Im Griechischen bedeutet z. B. *beta* nicht Haus, sondern ist einfach der Name des zweiten Buchstabens des Alphabets. Die folgende Tabelle zeigt die phönizischen Symbole und deren griechische Entsprechungen:[6]

𐤀 ʔālep /ʔ/	A alpha /ă, ā/	𐤍 nūn /n/	N nu /n/
𐤁 bēt /b/	B beta /b/	𐤎 ṣāmek /s̩/	Ξ xi /ks/
𐤂 gīmel /g/	Γ gamma /g/	𐤏 ʕajin /ʕ/	O omicron /ŏ/
𐤃 dālet /d/	Δ delta /d/	𐤐 pē /p/	Π pi /p/
𐤄 hē /h/	E epsilon /ĕ/	𐤑 çādē /sᵒ/	(M san /s/)
𐤅 wāw /w/	(F wau /w/)	𐤒 qōp /kᵒ/	(Ϙ koppa /k/)
𐤆 zajin /z/	Z zeta /dz/	𐤓 rēš /r/	P rho /r/
𐤇 ħēt /ħ/	H eta /ǣ/	𐤔 šīn /ŝ, ś/	Σ sigma /s/
𐤈 ṭēt /ṭ/	Θ theta /tʰ/	𐤕 tāw /t/	T tau /t/
𐤉 jōd /j/	I iota /ĭ, ī/		Y upsilon (/ŭ. ū/>) /y̆, ȳ/
𐤊 kāp /k/	K kappa /k/		Φ phi /pʰ/
𐤋 lāmed /l/	Λ lamda /l/		X chi /kʰ/
𐤌 mēm /m/	M mu /m/		Ψ psi /ps/
			Ω omega /ɔ̄/

Ein Alphabet besteht aus einer geringen Anzahl von Symbolen und besitzt dabei ein Höchstmaß an Flexibilität, da jede Kombination von Einzelsymbolen möglich ist. Das Alphabet stellt den letzten Schritt in der historischen Entwicklung von Schriftsystemen dar. Das griechische Alphabet, die erste alphabetische Schrift, ist der Vorläufer der anderen in Europa entstandenen Alphabete. Die einzelnen Symbole können zwar verschieden aussehen, aber das zugrundeliegende System bleibt das gleiche: Die Symbole repräsentieren einzelne Konsonanten und Vokale.

2 Die englische Orthographie

Standardorthographie

Das englische Schriftsystem beruht auf dem Prinzip des Alphabets, illustriert aber auch, dass es verschiedene Möglichkeiten gibt, das alphabetische Prinzip umzusetzen.[7] Die englische Standardorthographie ist von einer simplen Anwendung des alphabetischen Prinzips recht weit entfernt. Eine Lautschrift repräsentiert ein Wort, indem sie jedem Phonem ein eigenes Symbol zuweist, das ausschließlich zur Darstellung dieses einen Phonems verwendet wird. Daher besteht in diesem Fall eine 1:1-Entsprechung zwischen Phonemen und Symbolen. In der englischen Orthographie werden die Symbole des lateinischen Alphabets verwendet, um die Phonemsequenzen darzustellen, die englische Wörter bilden. In einigen Fällen erfolgt die Darstellung mittels Symbolkombinationen, die man als Digraphe bezeichnet. Für die Konsonanten stellen sich die Entsprechungen zwischen Phonemen und Symbolen wie folgt dar:

Phonem-Symbol-Entsprechung

	Labial	Dental	Alveolar	Palatal	Velar	Glottal
Obstruenten	/p/ p		/t/ t	/tʃ/ ch	/k/ c/k	
	/b/ b		/d/ d	/dʒ/ j/dg	/g/ g	
	/f/ f	/θ/ th	/s/ s	/ʃ/ sh		/h/ h
	/v/ v	/ð/ th	/z/ z	/ʒ/ (s)		
Sonoranten	/m/ m		/n/ n		/ŋ/ ng	
			/l/ l /r/ r			
	/w/ w			/j/ y		

Variation

Für einige Konsonantenphoneme variieren die graphischen Entsprechungen in Abhängigkeit vom Ursprung eines Wortes (so

6 Tabelle aus Sampson, S. 104.

7 Vgl. zu den Prinzipien der gegenwärtigen englischen Orthographie Vachek und Venezky.

repräsentiert der Digraph *ph* das Phonem /f/ in Wörtern wie *telephone* oder *telegraph*, die aus dem Griechischen abgeleitet sind) oder auch in Abhängigkeit von der Position des Konsonanten im Wort. Letzteres erklärt die Schreibweise des Phonems /dʒ/ in *judge* und die des Phonems /k/ in *call* oder *kill*. Das Phonem /ʒ/ wird im Wortinneren meist durch *s* repräsentiert, wie dies in den Wörtern *vision* und *measure* der Fall ist, am Wortanfang und -ende wird es dagegen als *g(e)* geschrieben, wie etwa in *genre, beige* und *garage*. Zur Darstellung von /k/ wird vor einem hinteren Vokal *c* verwendet, vor einem vorderen Vokal dagegen *k*. Die Phoneme /θ/ und /ð/ in *thin* bzw. *their* werden undifferenziert durch den Digraph *th* repräsentiert.

Silbenstruktur

Vokale werden im Englischen mithilfe der fünf lateinischen Symbole *a, e, i, o* und *u* und mittels Kombinationen dieser Symbole wiedergegeben. Bei der graphischen Darstellung der Vokale weicht die englische Orthographie deutlicher vom Prinzip der Lautschrift (der 1:1 Entsprechung zwischen Phonemen und Symbolen) ab als bei Konsonanten. Jeder der fünf oben genannten Buchstaben kann zwei verschiedene Vokale repräsentieren – in Abhängigkeit von der Silbe, in der der Buchstabe erscheint. Gewöhnlich unterscheidet man zwischen kurzen und langen Vokalen: Bei einem „langen“ Vokal handelt es sich um einen der gespannten Vokale oder einen Diphthong, bei einem „kurzen“ Vokal um einen der anderen Vokale. Um z. B. zu ermitteln, welchen Vokal der Buchstabe *a* in einem Wort repräsentiert, betrachtet man die Struktur der Silbe, in der der Buchstabe vorkommt. Endet die Silbe auf einen Konsonanten, handelt es sich also um eine geschlossene Silbe, so wird es sich bei dem durch den Buchstaben *a* repräsentierten Phonem um einen kurzen Vokal handeln, wie dies bei *pat* /pæt/ der Fall ist. Steht dagegen kein Konsonant in der Koda der Silbe, liegt also eine offene Silbe vor, wird der Buchstabe einem langen Vokal entsprechen, wie z. B. in *paper* /peɪpə/, einem Wort, dessen erste Silbe offen ist *(pa/per)*. Dasselbe Grundprinzip lässt sich bei dem Buchstaben *i* feststellen: In einer geschlossenen Silbe repräsentiert das Symbol den kurzen Vokal /ɪ/, wie in *big* /bɪg/, in einer offenen Silbe dagegen einen langen Vokal, wie in dem Wort *tiger* /taɪgə/, in dem wieder die erste Silbe offen ist *(ti/ger)*.

Stummes e

Es ist im Englischen aber auch möglich, kurze Vokale in offenen Silben zu finden sowie lange Vokale in geschlossenen Silben. So handelt es sich etwa in *bite* um eine geschlossene Silbe, aber das Vokalphonem ist ein Diphthong (/baɪt/). Andererseits findet man in *hitting* (/hɪtɪŋ/) in der ersten (offenen) Silbe einen Kurzvokal. Wie die Schreibweisen dieser beiden Wörter verdeutlichen, werden in solchen Fällen allerdings typischerweise diakritische Symbole verwendet, die über die Vokalqualität Aufschluß geben: In *bite* findet sich ein **stummes *e*** *(mute e)* am Ende des Wortes. Dieses diakritische Symbol, dem kein eigener Lautwert zugewiesen werden kann, signalisiert lediglich die Vokalqualität des vorausgehenden Vokalphonems. Dieses Prinzip geht letztendlich auf die oben beschriebene Grundregel zurück, denn das stumme *e* zeigt dem Leser, dass das Symbol *i* in dem Wort so interpretiert werden soll, als sei die Silbe offen (also: KV|KV, bi-te). Deshalb spricht man in einem solchen Fall auch von einer „künstlich geöffneten" Silbe.

Symbolverdoppelung

Bei Wörtern wie *hitting* wird ebenfalls auf die oben erläuterte Grundregel Bezug genommen: Fügt man die Endung *-ing* an das Verb *hit* an, dann wird die Silbe, in der das *i* steht, offen *(hi-ting)*, der Vokal bleibt aber kurz, und die Verdoppelung des Konsonanten signalisiert, dass das Symbol *i* wie in einer geschlossenen Silbe zu interpretieren ist. Hier spricht man von einer „künstlich geschlossenen" Silbe. Neben Formen wie *mete* /mi:t/ „verteilen", in denen das stumme *e* eingesetzt wird, um die Länge des Vokals zu zeigen, hat man eine weitere Möglichkeit, die Länge eines Vokalphonems in einer geschlossenen Silbe anzudeuten, und zwar durch die Verwendung von Kombinationen von Vokalsymbolen, wie in den folgenden Wörtern, die gleichlautend mit *mete* sind:

meet /mi:t/ vs. meat /mi:t/

Phonologisch identische Wörter werden als **Homophone** *(homophone)* bezeichnet. Welche Methode angewandt wird, um die Länge eines Vokalphonems anzuzeigen, ist vom individuellen Wort abhängig. Da jedes Wort eine charakteristische Schreibweise besitzt, sind die Schreibweisen jedoch nicht austauschbar.

1 Die Darstellung von Homophonen

Homophone

Im Englischen finden sich zahlreiche homophone monosyllabische Wörter, d. h. unterschiedliche Wörter mit identischem Lautbild. Diese werden grundsätzlich, wie bereits das obige Beispiel *mete/meet/meat* andeutet, unter Ausnutzung der Möglichkeiten der englischen Orthographie, auf verschiedene Weise geschrieben. Daher kommt es zu Schreibungen wie den folgenden:

see	sea		
rode	road	rowed	
right	write	rite	wright

Wie diese Beispiele zeigen, dient hier die Abweichung von der rein lautlichen Wiedergabe dem Ziel, dem Leser Informationen über die Bedeutungen zu vermitteln. Die Rechtschreibung tritt hier also unmittelbar in den Dienst der Bedeutungsunterscheidung. In der letzten Gruppe von Beispielen z. B. sieht man, dass die phonemische Basis der Wörter durch die Buchstaben *r-i-t* angegeben wird und zusätzliche stumme Buchstaben erscheinen, um die Homophone zu differenzieren.

2 Die Darstellung von Morphemvarianten

Morphemvarianten

Während unterschiedliche sprachliche Zeichen, deren Lautbild identisch ist, in der englischen Orthographie auf verschiedene Weisen dargestellt werden, werden lautlich divergierende Varianten eines Morphems meist gleich geschrieben. Ein Beispiel ist etwa das Morphem *-ed*, das zur Bildung des Vergangenheitstempus verwendet wird und das in drei phonologischen Varianten (/ɪd/, /t/ und /d/) erscheint, aber unabhängig von seiner lautlichen Gestalt gleich geschrieben wird:

wanted /ɪd/ asked /t/ opened /d/

Dasselbe Prinzip wird in Ableitungen wie den folgenden wirksam:

telegraphy /təlegrəfɪ/
telegraphic /teləgræfɪk/

Beide Wörter wurden von *telegraph* abgeleitet, und die den Ableitungen zugrunde liegende Basis wird immer gleich geschrieben, obwohl deren lautliche Realisierung in den abgeleiteten Wörtern nicht identisch ist. Die Schreibweise signalisiert Lesern, dass es sich bei den Wörtern um Ableitungen handelt und dass deren Bedeutung von der der Basis abhängig ist.

Schreiben und Lesen

Wenn es sich bei der englischen Orthographie auch grundsätzlich um ein alphabetisches Schriftsystem handelt, also um ein Schriftsystem, das sich an der Phonologie orientiert und Wörter als Phonemsequenzen darstellt, so zeigen Beispiele wie diese, dass auch die morphologische Ebene bei der graphischen Repräsentation sprachlicher Zeichen eine Rolle spielt. Wenn etwa dasselbe Morphem immer gleich geschrieben wird, um die semantische Beziehung zwischen Wörtern anzudeuten, oder auch wenn Homophone unterschiedlich geschrieben werden, impliziert dies die Möglichkeit, Bedeutung unmittelbar von der graphischen Repräsentation abzuleiten. Die englische Orthographie spricht folglich in sehr starkem Maße das Auge des Lesenden an. Damit trägt sie der Erkenntnis Rechnung, dass geübte Leser nie Buchstabe für Buchstabe lesen, sondern ein Wort visuell als Ganzes erfassen, was eine beträchtliche Beschleunigung des Lesevorgangs mit sich bringt und das Textverständnis fördert.

3 Zusammenfassung

Am Anfang dieses Kapitels stand eine Erläuterung der grundsätzlichen Möglichkeiten, eine Sprache graphisch darzustellen: ausgehend von der Wortebene, der Silbenebene und – im Alphabet – der Ebene der einzelnen Phoneme. Im Anschluss daran wurde ein Überblick über die Entwicklung der Schrift vom ersten logographischen Schriftsystem über Silbenschriften zur Entwicklung des Alphabets bei den Griechen gegeben. Schließlich wurden einige Grundprinzipien der englischen Orthographie erörtert. Dabei wurde deutlich, dass die englische Orthographie sich zwar auf das alphabetische Prinzip stützt, gleichzeitig aber auch Wortstruktur und Bedeutungsunterscheidungen berücksichtigt.[8]

8 Als vertiefende und weiterführende Literatur zu Schriftsystemen und zur englischen Orthographie sind zu empfehlen: Harris; Jensen; Lehmann, Kap. 3 sowie O'Grady/Dobrovolsky/Aronoff, Kap. 15.

6 KAPITEL

Grundlagen der Syntax und der Satzsemantik

Suit the action to the word, the word to the action, with this special observance: that you o'erstep not the modesty of nature.

SHAKESPEARE, »*Hamlet*«

1 Die Struktur englischer Phrasen

Phrasen

Aufgrund ihres Status als sprachliche Zeichen sind die Wörter einer Sprache zwar Bedeutungsträger, doch Bedeutung wird in der Sprache letztlich nicht unmittelbar durch einzelne Wörter erzeugt, sondern vielmehr durch die Verbindung von Wörtern zu größeren Struktureinheiten, den syntaktischen **Phrasen** *(phrase)*.[1] Jede Phrase basiert in struktureller Hinsicht auf einem einzelnen Wort, das den **Kopf** (*head)* der Phrase bildet. Diese strukturelle Relation zwischen dem Kopf und der Phrase soll zum Ausdruck gebracht werden, wenn gesagt wird, eine Phrase werde von ihrem Kopf projiziert. Das folgende Beispiel illustriert das syntaktische Grundprinzip der **Projektion** *(projection)* von einem lexikalischen Kopf. Das Verb *open* als Kopf kann mit anderen Wörtern und Phrasen kombiniert werden, die dann als **Modifizierer** *(modifier)* des Kopfes fungieren:

open
open the door
open the door in the morning
frequently open the door in the morning

Unabhängig davon, welche weiteren bedeutungstragenden Elemente hinzukommen, bleibt es stets das Verb *open*, das Ausgangspunkt der Phrase ist.

Phrasentypen

Im Englischen kann jede der fünf **lexikalischen Kategorien** *(lexical category)* oder **Wortarten** *(word class)* – also **Nomen** *(noun,* N*)*, **Verb** *(verb,* V*)*, **Adjektiv** *(adjective,* A*)*, **Adverb** *(adverb,* Adv*)* und **Präposition** *(preposition,* P*)* – als Kopf einer Phrase erscheinen. Die Projektionen von diesen Wortarten werden dementsprechend als **Nominalphrase** *(noun phrase,* NP*)*, **Verbalphrase** *(verb phrase,* VP*)*, **Adjektivphrase** *(adjective phrase,* AP*)*, **Adverbphrase** *(adverb* *phrase,* AdvP*)* und **Präpositionalphrase** *(prepositional phrase,* PP*)* bezeichnet.

Konstituenten

Derartige Projektionen folgen – gleichgültig welche Wortart zugrundeliegt – im wesentlichen demselben Muster. Wie bei Wörtern lässt sich auch bei Phrasen die interne Struktur mithilfe von Baumdiagrammen darstellen. Solche Diagramme veranschaulichen, wie Wörter und Phrasen als Satzteile oder **Konstituenten** *(constituent)* zu größeren Struktureinheiten, die syntaktisch zusammengehören, kombiniert werden. Dabei besteht jede der größeren syntaktischen Einheiten aus genau zwei Konstituenten. Die beiden Konstituenten, die zusammenkommen, um die nächstgrößere Struktureinheit zu bilden, werden als unmittelbare Konstituenten *(immediate constituents, ICs)* der Struktureinheit bezeichnet. Im Baumdiagramm lässt man von den unmittelbaren Konstituenten ausgehende Linien in einem Punkt, einem Knoten, zusammenlaufen, um die strukturelle Relation zwischen diesen Konstituenten und der nächstgrößeren Struktureinheit zu veranschaulichen.

Komplemente

Anhand der Konstituentenstruktur der VP *frequently open the door in the morning* lässt sich illustrieren, wie Phrasen von einem Kopf projiziert werden. Das Verb *open* verlangt einen Modifizierer. Ein solcher obligatorischer Modifizierer wird als **Komplement** *(complement)* bezeichnet. In dem Baumdiagramm unten wird die Tatsache, dass der Kopf das Komplement zwingend fordert, dadurch veranschaulicht, dass der Kopf mit dem Komplement einen Knoten teilt:

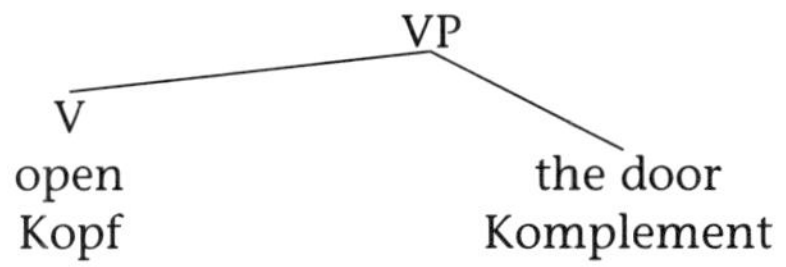

Wenn diese beiden Konstituenten verknüpft werden, ist das Resultat bereits eine Verbalphrase, und der Knoten wird deshalb als VP bezeichnet.

---

1 Das diesem und dem folgenden Kapitel zugrundeliegende syntaktische Modell ist dasjenige, das in den letzten Jahren in den Arbeiten des amerikanischen Linguisten Noam Chomsky entwickelt wurde: der *Principles and Parameters*-Ansatz in seiner „minimalistischen" Version. Vgl. zu diesem theoretischen Ansatz Chomsky und Radford, *Syntactic Theory and the Structure of English*. Zur Beziehung zwischen syntaktischen und semantischen Strukturen vgl. Jackendoff, *Semantics and Cognition*.

Adjunkte

Eine Phrase kann neben dem obligatorischen Komplement aber auch weitere, fakultative Modifizierer enthalten, die **Adjunkte** *(adjunct)*. Bei diesen handelt es sich um Konstituenten, die mit dem Kopf strukturell weniger eng verbunden sind als die Komplemente. Um im Baumdiagramm zu signalisieren, dass Kopf und Komplement eine strukturelle Einheit innerhalb der Phrase bilden, verwendet man bei Vorliegen eines Adjunkts in der VP einen zwischengeschalteten Knoten, an dem Kopf und Komplement zusammenkommen. Da man zeigen will, dass es sich bei dieser von Kopf und Komplement gebildeten Konstituente – ebenso wie bei der VP – um eine Projektion vom Verb handelt, wird dieser Zwischenknoten meist als $\bar{V}$ oder V′ (lies: V-bar) bezeichnet. Das Baumdiagramm sieht dann folgendermaßen aus:

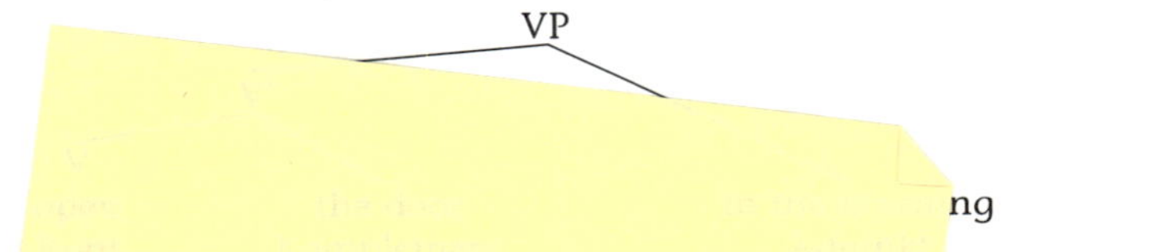

[illegible] nt eine strukturelle [illegible] lement gebil- [illegible] bare Konstitu- [illegible] machen also [illegible] n Teil der Ver- [illegible] en gibt, modi- [illegible] die Verbindung [illegible] Kopf und Kom- [illegible] ben weiterer Ele- [illegible] n zusätzlich ein [illegible] **tribut** *(attribute)* [illegible]

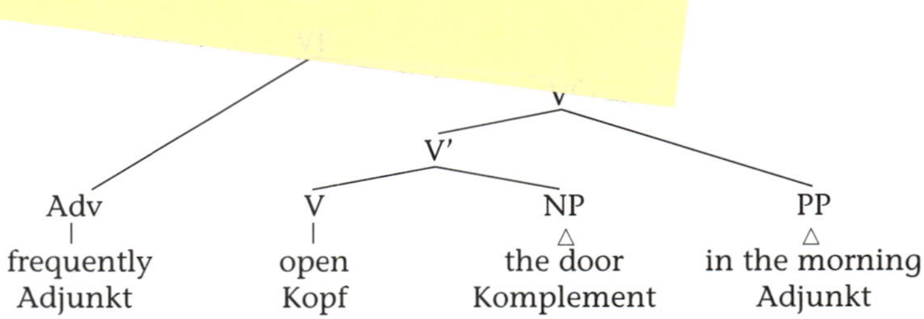

V′

Wie im Baumdiagramm deutlich wird, machen Kopf und Komplement den ersten Knoten aus, und dieser Knoten und das Adjunkt sind wiederum die unmittelbaren Konstituenten eines zweiten Zwischenknotens V', der schließlich mit dem Attribut verknüpft wird und mit diesem die VP bildet. Für jedes zusätzlich auftretende Adjunkt wird im Baumdiagramm ein weiterer V'-Knoten eingeführt.

Status der Modifizierer

Bei den Modifizierern, die in einer Phrase auftreten, handelt es sich stets um Köpfe oder um Phrasen, die von einem Kopf projiziert sind, wie die obigen Beispiele bereits gezeigt haben. In *frequently open the door in the morning* z. B. ist das Komplement *(the door)* eine Nominalphrase (NP), das Adjunkt *(in the morning)* eine Präpositionalphrase (PP) und das Attribut *(frequently)* ein Adverb. Das Adverb könnte aber zu einer Adverbphrase ausgedehnt werden (z. B. mit *very*). In einem Baumdiagramm kann man selbstverständlich detailliert zeigen, wie jede einzelne Phrase, die als Modifizierer erscheint, zusammengesetzt ist. Will man jedoch aus Platzgründen nicht die Struktur aller Phrasen im Detail darstellen, verwendet man ein Symbol in Form eines Dreiecks (Δ). Dieses Symbol signalisiert, dass die Struktur der betreffenden Phrase nicht weiter aufgeschlüsselt wird. In dem obigen Baumdiagramm ist dies bei der NP *the door* und der PP *in the morning* geschehen.

PP

Die Projektionen von den anderen Wortarten sind der Projektion vom Verb, der VP, strukturell äußerst ähnlich. Daher weist das folgende Diagramm, das die Struktur einer Präpositionalphrase (PP) darstellt, im wesentlichen dieselbe Struktur auf wie das obige Diagramm:

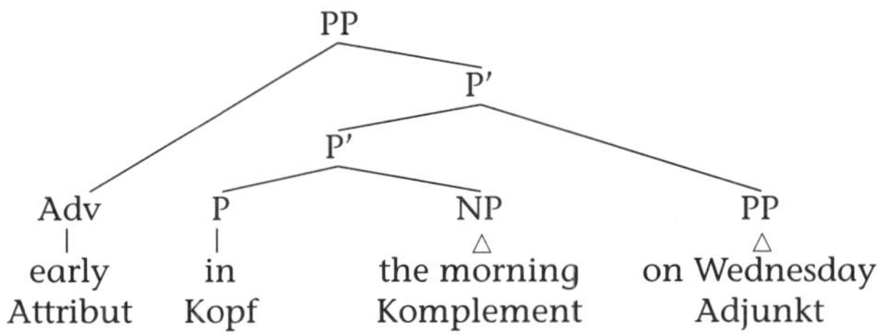

Die Präposition *in* verlangt ein Komplement, eine Nominalphrase *(the morning)*. Darüber hinaus kann die Präpositionalphrase ein Adjunkt *(on Wednesday)* und ein Adverb vor dem Kopf *(early)* als Attribut enthalten.

AP

Nomina und Adjektive verlangen im Gegensatz zu Verben und Präpositionen meist kein Komplement. Kommt jedoch in Verbindung mit einem Nomen oder Adjektiv ein Komplement vor, so handelt es sich dabei in der Regel um eine Präpositionalphrase mit der Präposition *of* als Kopf. Ein Beispiel dafür ist etwa folgende Adjektivphrase:

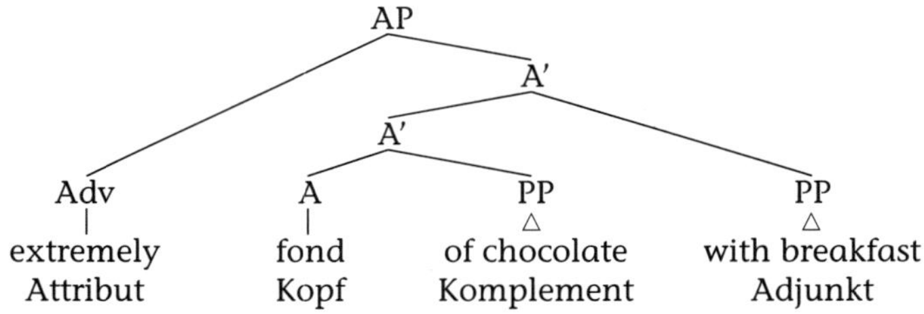

Das Adjektiv *fond* verlangt eine durch die Präposition *of* eingeleitete Präpositionalphrase. Hinzu kommen in der obigen Adjektivphrase wiederum ein Adjunkt (die PP *with breakfast*) sowie ein Attribut (das Adverb *extremely*).

NP

Eine Nominalphrase mit Komplement würde eine Struktur wie die folgende aufweisen:

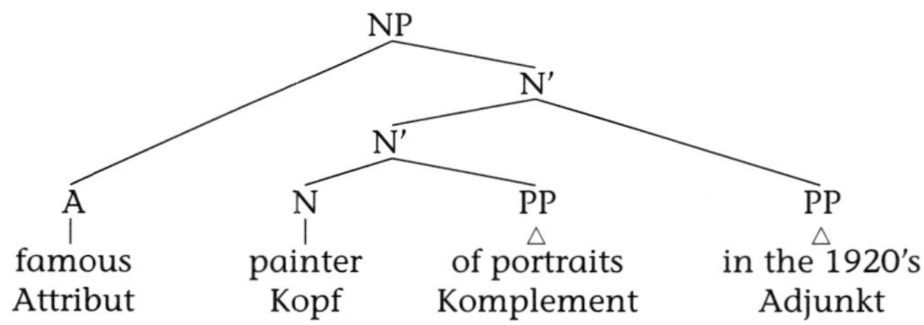

Das Nomen *painter*, das von dem Verb *paint* abgeleitet ist, kann eine PP mit dem Kopf *of* als Komplement nehmen. Im Gegensatz zu anderen Phrasen, in denen das Attribut ein Adverb bzw. eine Adverbphrase ist, fungiert in einer Nominalphrase typischerweise ein Adjektiv (hier: *famous*) als Attribut, das z. B. durch *very* auch zu einer Adjektivphrase erweitert werden kann.

DP

Es ist außerdem charakteristisch für Nominalphrasen, dass sie determiniert sind, dass sie also mit einem **Determiner** (*determiner)* wie dem bestimmten oder unbestimmten **Artikel** (*article)* auftreten:

the famous painter of portraits in the 1920's
a famous painter of portraits in the 1920's

Im Fall von *portraits* sieht man, dass der unbestimmte Artikel auch eine nicht overte Form hat. Nominalphrasen können deshalb nicht nur als NPs, sondern auch als **Determiner Phrasen** (*determiner phrase*, DP) aufgefasst werden. Man könnte das obige Baumdiagramm für NPs folglich erweitern:

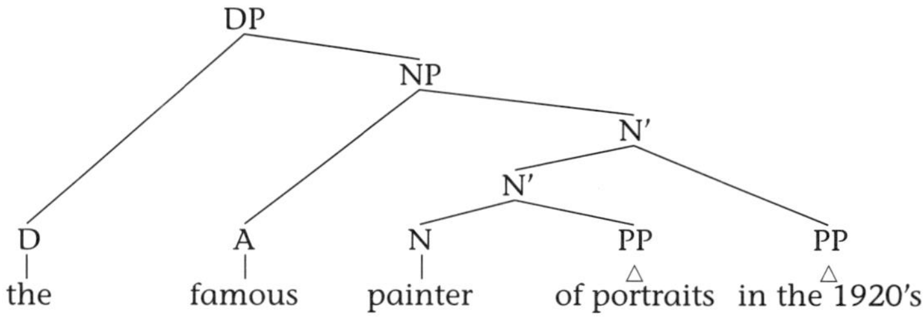

Die Nominalphrase wird hier als Komplement des Determiners aufgefasst. *Proper Nouns*, z. B. Eigennamen von Individuen wie *Bill* oder *Mary*, können auch als DPs angesehen werden. Sie sind – genau wie NPs mit bestimmtem Artikel – bestimmt, weil sie sich immer auf etwas Spezifisches beziehen. Deshalb könnte man *Bill* folgendermaßen darstellen:

Pronomina

Eine DP kann auch durch das repräsentiert werden, was traditionell als **Pronomen** (*pronoun*, pro) bezeichnet wird. Anstelle einer DP wie *the famous painter of portraits in the 1920's* oder *Bill* könnten wir z. B. stellvertretend auch das Personalpronomen *he* antreffen:

Die Gruppe englischer Personalpronomina gibt Person (erste, zweite oder dritte Person), **Numerus** (*number*), also Singular oder Plural, und – zumindest für die dritte Person Singular – Genus (Maskulinum, Femininum oder Neutrum) an:

			Nominativ	Akkusativ	Genitiv
1.	Sg.		I	me	my
	Pl.		we	us	our
2.	Sg.		you	you	your
	Pl.		you	you	your
3.	Sg.	m.	he	him	his
		f.	she	her	her
		n.	it	it	its
	Pl.		they	them	their

Einige der englischen Personalpronomina zeigen divergierende Formen für die beiden **Kasus** *(case)* Nominativ und Akkusativ. Die Akkusativform tritt immer dann auf, wenn die DP Komplement eines Verbs oder einer Präposition ist, wie in *meet him* oder *to him*. Die Genitivform erscheint, wenn das Pronomen als Determiner vor einem Nomen verwendet wird (z. B. *his book)*.

2 Die Struktur des Satzes

Prädikationen

Um nachvollziehen zu können, wie im Satz Bedeutung konstruiert wird, ist es erforderlich, über lexikalische Phrasen hinauszugehen und zu berücksichtigen, wie diese zu **Prädikationen** *(predication)* verknüpft werden. Für eine Prädikation sind eine Verbalphrase sowie eine weitere Konstituente, die stets vor der VP erscheinen muss, erforderlich. Die Konstituente vor der VP wird als **Specifier** *(specifier)* bezeichnet. Dieser Specifier bildet das Subjekt. Wird also z. B. eine Verbalphrase wie *open the door* mit einer DP wie *the man* verknüpft, dann erhält man die binäre Struktur **Subjekt** *(subject)* DP / **Prädikat** *(predicate)* VP, die für englische Prädikationen charakteristisch ist.

Hilfsverben

Für einen Satz aber muss noch ein weiteres Element erscheinen, das Subjekt und Prädikat verbindet. Als Bindeglied zwischen dem Subjekt und der Verbalphrase kann eins der **Hilfsverben** *(auxiliary,* HV*)* dienen, wie die folgenden Beispiele zeigen:

The man *can* open the door.
The man *has* opened the door.
The man *was* opening the door.

Das Hilfsverb gibt Informationen über **Tempus** *(tense)* sowie **Kongruenz** *(agreement)* hinsichtlich Person und Numerus zwischen

Subjekt und Prädikat. Das **Modalverb** *(modal) can* verlangt den **Infinitiv** *(infinitive)* des Verbs, das **Perfekt** *(perfect)* Hilfsverb *have* fordert das **Partizip** *(participle)* Perfekt *(opened)*, und auf das Hilfsverb der **Verlaufsform** *(progressive) (be)* folgt das Partizip Präsens *(opening)*. Die Markierung für Tempus und Kongruenz entscheidet darüber, ob ein Satz **finit** *(finite)* ist, d. h. syntaktisch unabhängig auftreten kann. Mithilfe eines Baumdiagramms lässt sich die Struktur des Satzes folgendermaßen darstellen:

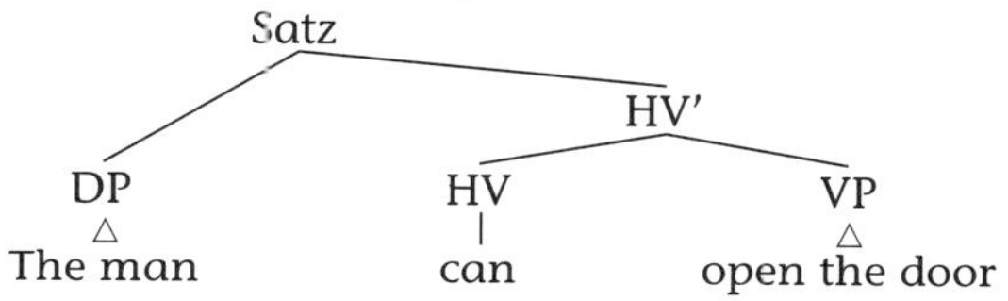

Das Hilfsverb (HV), das als Bindeglied zwischen Subjekt und VP fungiert, kann als Kopf des Satzes angesehen werden. Die VP ist das Komplement von HV, und der Satz besitzt einen Specifier in Form der Subjekt-DP.

Satzstruktur

Es gibt jedoch im Englischen auch Sätze, die kein Hilfsverb aufweisen und in denen Tempus und Kongruenz anzeigende Flexionsendungen, sofern solche überhaupt auftreten, unmittelbar an das Verb angefügt werden, wie z. B. in

The man opens the door.
The man opened the door.

Will man die Struktur englischer Sätze auf ein generelles Grundmuster zurückführen, kann man annehmen, dass den Konstruktionen mit und denen ohne Hilfsverb dasselbe Strukturmuster zugrundeliegt, dass also auch beide einen Satzkopf besitzen. Weist der Satz ein Hilfsverb auf, so ist dieses der Kopf des Satzes, wie wir bereits gesehen haben. Der Satzkopf kann aber auch leer sein. Im Baumdiagramm kann man den leeren Satzkopf durch eine Null symbolisieren:

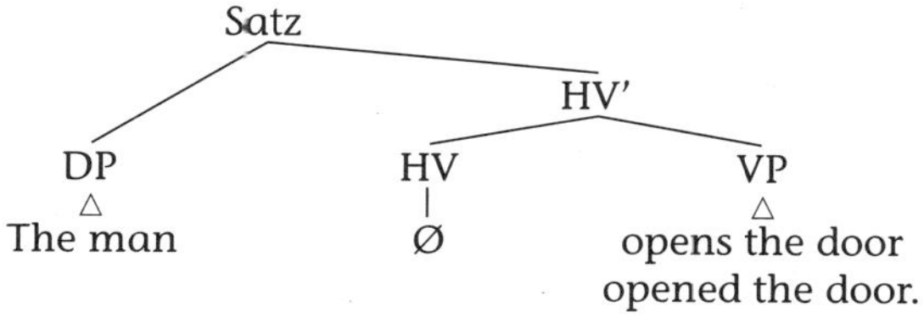

do

Dass es auch in solchen Fällen tatsächlich einen Kopf des Satzes gibt, wird deutlich, wenn in den obigen Sätzen der leere Kopf durch das Hilfsverb *do*, das *Dummy Auxiliary*, ausgefüllt wird. Das *Dummy Auxiliary do* erscheint, wenn in einer mit dem Aussagesatz verwandten Struktur ein Hilfsverb benötigt wird. Dies ist z. B. in Verneinungen der Fall oder auch dann, wenn ein Widerspruch zum Ausdruck gebracht wird. Das Hilfsverb *do* tritt in solchen Strukturen als Satzkopf auf, um die Negativpartikel bzw. die Hauptbetonung des Satzes zu tragen, wie die folgenden Beispielsätze zeigen:

The man *doesn't* open the door.
The man *didn't* open the door.
The man *doés* open the door.
The man *díd* open the door.

IP

Da das Hilfsverb typischerweise dasjenige Element ist, das die Flexion für Tempus und Kongruenz trägt, wird der Kopf des Satzes oft einfach als **Flexion** (*inflection*, I) bezeichnet und der Satz dementsprechend als *Inflectional Phrase* (IP), als Projektion des Satzkopfes I. Man kann den Satz dann folgendermaßen darstellen:

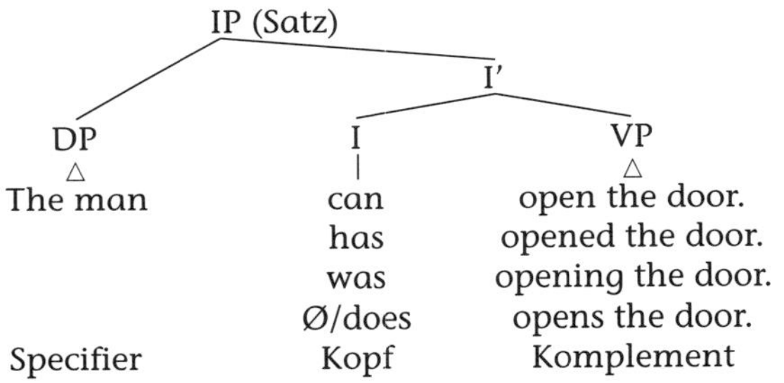

Der Satz wird nicht von einer lexikalischen Kategorie projiziert, sondern von einem Kopf, der typischerweise von einem Hilfsverb repräsentiert wird. Bei dem Satz handelt es sich folglich um eine Projektion von einer funktionalen Kategorie. Der Kopf des Satzes wird deshalb als funktionaler Kopf bezeichnet und der Satz als funktionale Projektion.

3 Syntaktische Struktur und Bedeutung

Bedeutungskategorien

Die unterschiedlichen Phrasentypen (NP, VP, AP, AdvP, PP) repräsentieren allgemeine Bedeutungskategorien, für die die Bedeutung des Kopfes, von dem sie projiziert werden, ausschlaggebend ist. Daher kann z. B. eine NP mit einem Nomen wie *car*, wie etwa

new *car* in the driveway

immer der semantischen Kategorie DING zugewiesen werden, unabhängig davon, ob Modifizierer hinzukommen oder nicht.

Eine Verbalphrase, die von einem Verb wie *open* projiziert wurde, z. B.

open the door in the morning

gehört der semantischen Kategorie HANDLUNG an. Eine Präpositionalphrase mit dem Kopf *in*, z. B.

in the driveway
in the morning

repräsentiert ORT oder ZEIT. Eine Präpositionalphrase, die von der Präposition *through* projiziert wurde, entspricht dagegen der Kategorie WEG:

through the living room

Wie wir gesehen haben, sind die syntaktischen Strukturen einer Sprache aus kleineren Struktureinheiten zusammengefügt: Die Konstituenten werden zu immer größeren Konstruktionen verbunden, bis ein vollständiger Satz entstanden ist:

the car
driven the car
driven the car to the post office
had driven the car to the post office
Mary had driven the car to the post office

Beispiel

Das folgende Baumdiagramm veranschaulicht die Konstituentenstruktur des Satzes *Mary had driven the car to the post office*:

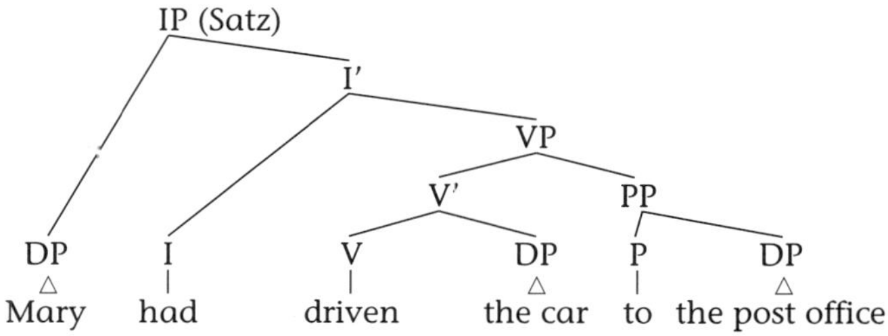

Satzbedeutung

Auch die Bedeutung eines Satzes ist aus verschiedenen Einheiten zusammengesetzt. Es zeigt sich bei einem Vergleich der syntaktischen Struktur mit den Bedeutungseinheiten, dass die Satzbedeutung parallel zur syntaktischen Verknüpfung der Konstituenten konstruiert wird. Den Phrasen, aus denen der Satz sich zusammenfügt, lassen sich semantische Kategorien zuordnen. Der Verbalphrase entspricht auf semantischer Ebene eine HANDLUNG, die wiederum ein DING *(the car)* und einen WEG *(to the post office)* beinhaltet. Der WEG seinerseits beinhaltet einen ORT *(the post office)*. Der Kopf des Satzes, I *(had)*, stellt eine Relation zwischen einem DING/HANDELNDEN (dem Subjekt *Mary*) und der HANDLUNG her und ermöglicht auf diese Weise die Repräsentation eines EREIGNISSES. Dem Satz kann also die folgende zusammengesetzte Bedeutungsstruktur zugewiesen werden:

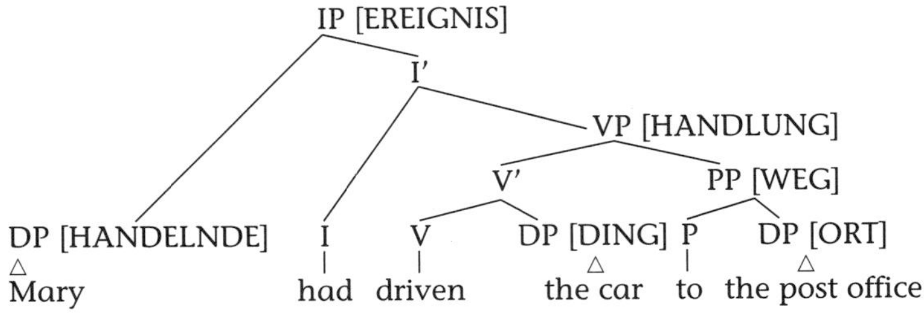

Zwischen syntaktischen Strukturen und der Bedeutung von Sätzen und Satzteilen lassen sich deutliche Zusammenhänge erkennen. Der syntaktische Kopf spielt bei der Herstellung von Relationen auf der semantischen Ebene eine wichtige Rolle. So kann man sagen, dass in dem obigen Beispiel der Kopf der Präpositionalphrase, die Präposition *to* also, einen ORT *(the post office)* in einen WEG *(to the post office)* projiziert. Ebenso ist es der Kopf der Verbalphrase, das Verb *driven*, der ein DING *(the car)* und einen WEG *(to the post office)* in eine HANDLUNG *(driven the car to the post office)* projiziert. Das Hilfsverb *had*, der Kopf des Satzes, projiziert die HANDLUNG *(driven the car to the post office)* und das Subjekt, die HANDELNDE (*Mary*), in ein EREIGNIS *(Mary had driven the car to the post office)*.

4 Eingebettete Sätze

Eingebettete Sätze

Das Verb *want* kann eine Determiner Phrase als Komplement nehmen:

Bill wanted *a new car.*

Aber *want* kann alternativ auch einen Satz als Komplement haben, wie das folgende Beispiel zeigt:

Bill wanted *Mary to go with him.*

Das zweite Beispiel illustriert, dass Sätze auch als Konstituenten übergeordneter Sätze in Erscheinung treten können, als **eingebettete Sätze** *(embedded sentence)*. In einem solchen Fall kann der Satz nicht-finit sein, also nicht markiert für Tempus und Kongruenz. Nicht-finite Sätze können ausschließlich als Konstituenten anderer Sätze auftreten. Der eingebettete Satz weist dieselbe Grundstruktur auf wie jeder andere Satz: Eine DP *(Mary)* bildet das

Subjekt einer Verbalphrase *(go with him)*, und als Kopf des Satzes erscheint die **Partikel** *(particle) to*:

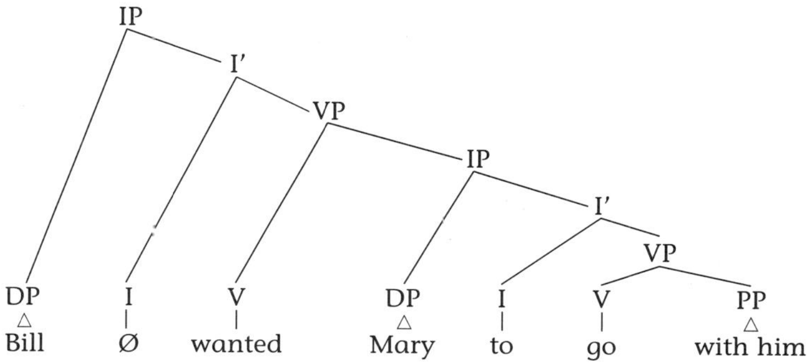

PRO

Die funktionale Partikel *to* ist Stellvertreter des Satzkopfes, und weder Tempus noch Kongruenz werden markiert. Eine ähnliche Struktur sieht man in Sätzen wie

Bill wanted to go to the party.

Hier erscheint wieder die Partikel *to* als Satzkopf, und der eingebettete Satz weist kein explizites Subjekt auf. Der Satz wird aber trotzdem so interpretiert, als ob ein Subjekt vorhanden wäre. Man kann das Subjekt in Fällen wie dem obigen als zwar vorhanden, aber in Form einer Art von leerem Pronomen realisiert betrachten. Die Interpretation des leeren Pronomens wird durch das Subjekt des übergeordneten Satzes bestimmt oder kontrolliert. Solche Subjekte werden meist als PRO-Subjekte bezeichnet:

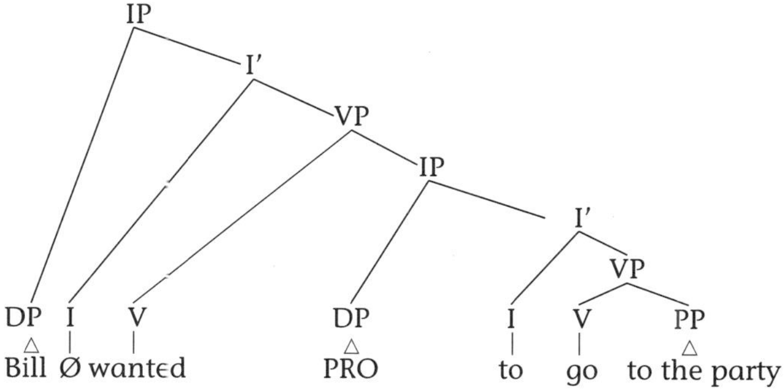

Wie im Fall des leeren Satzkopfes sehen wir auch hier, dass es möglich ist, das Vorhandensein von Konstituenten zu folgern, selbst wenn diese nicht explizit im Satz vorhanden sind. Weil die Möglichkeit besteht, syntaktische Elemente als abstrakte, leere Kategorien zu erfassen, ist es zudem möglich, Sätzen ein generelles Strukturmuster zuzuweisen. Die Charakteristika eines eingebetteten Satzes hängen von dem Verb ab, als dessen Komplement er fungiert. Das Verb *want* z. B. lässt sowohl ein explizites als auch ein PRO-Subjekt zu; der Kopf I muss bei *want* durch ein *to* ausgefüllt werden.

Complementizer

Finite Sätze, d. h. solche Sätze, die hinsichtlich Tempus und Kongruenz markiert sind, können aber auch als Komplement eines Verbs auftreten. Dies ist z. B. bei dem Verb *know* möglich, wie das folgende Beispiel illustriert:

Bill knew that Mary had opened the door.

Hier geht dem eingebetteten Satz *Mary had opened the door* die funktionale Partikel *that* voran. Eine solche Form wird als **Complementizer** *(complementizer,* C*)* bezeichnet. Diese Partikel nimmt eine spezielle Position im eingebetteten Satz ein, die als Complementizer-Position angesehen wird:

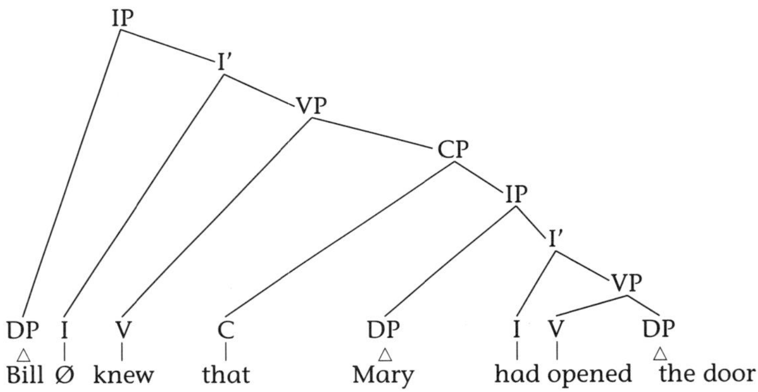

Der ganze Satz kann als **Complementizer-Phrase** (*complementizer phrase*, CP) betrachtet werden, in der der eingebettete Satz das Komplement des Complementizers *that* bildet. Die Complementizer-Position kann bei einem eingebetteten Satz aber auch offen sein, wie die folgende Konstruktion zeigt:

Bill knew Ø Mary had opened the door.

Obwohl hier der eingebettete Satz nicht durch einen expliziten Complementizer eingeleitet wird, scheint seine Struktur mit der des obigen Satzes identisch zu sein. Auch in diesem Fall lässt sich wieder für auf den ersten Blick divergierende Konstruktionen eine identische Grundstruktur annehmen.

5 Zusammenfassung

In diesem Kapitel wurde zunächst gezeigt, wie Wortarten syntaktisch zu Phrasen projiziert werden können. Die Wortart fungiert als Kopf der von ihr projizierten Phrase. Dann wurde erläutert, wie Prädikationen durch die Verknüpfung einer Verbalphrase mit einer Specifier-Konstituente, die als Subjekt der VP, des Prädikats, dient, konstruiert werden. Sätze entstehen, wenn ein funktionaler Kopf erscheint, um das Specifier-Subjekt zu der Verbalphrase in Bezug zu setzen. Den funktionalen Kopf eines Satzes bildet typischerweise ein Hilfsverb, das Informationen über Tempus und Kongruenz liefert. Die Bedeutung, die durch den Satz repräsentiert wird, ist insofern zusammengesetzt, als jede Phrase eine allgemeine Bedeutungskategorie repräsentiert, die von der Bedeutung des jeweiligen Kopfes abhängt. Die Art, wie Bedeutung in einem Satz repräsentiert wird, verhält sich parallel zur syntaktischen Struktur des Satzes. Sätze können unabhängig sein, und in diesem Fall müssen ihre Köpfe Finitheit durch eine Markierung für Tempus und Kongruenz angeben. Sätze können aber auch eingebettet, als Konstituenten in anderen Sätzen, erscheinen. Nicht-finite eingebettete Sätze weisen die funktionale Partikel *to* als Kopf auf; finite eingebettete Sätze werden typischerweise durch den Complementizer *that* eingeleitet, und die Struktur des Satzes kann als Complementizer Phrase betrachtet werden. Bei der Beschäftigung mit syntaktischen Strukturen wird immer wieder deutlich, dass selbst solche Konstruktionen, die zunächst sehr unterschiedlich zu sein scheinen, auf ein gemeinsames strukturelles Grundmuster zurückgeführt werden können.[2]

2 Als vertiefende und weiterführende Literatur zum Thema Syntax sind besonders zu empfehlen: Haegeman, Kap. 2; Jackendoff, *Patterns in the Mind,* Kap. 6; Pinker, Kap. 7 sowie Radford, *Syntax. A Minimalist Introduction*, Kap. 2, 3 und 4.

7 KAPITEL

Syntaktische Relationen und das Prinzip der syntaktischen Bewegung: Grundlagen der Transformationssyntax

Transform?
As if an enlarged paper clip
could be a piece of sculpture.
(And it could.)
ANNE SEXTON, *»Transformations«*

Only connect.
E.M. FORSTER, *»Howards End«*

1 Die Struktur englischer Ja/Nein-Fragen

Satzstruktur

Wie bereits in Kapitel 6 erläutert wurde, lässt sich die Struktur englischer Sätze durch das folgende Grundmuster beschreiben:

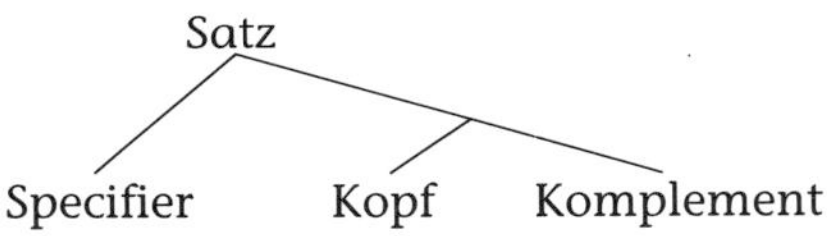

Als Kopf dieser Konstruktion kann ein Hilfsverb fungieren, das eine Verbalphrase als Komplement fordert und durch eine Determiner-Phrase als Subjekt spezifiziert wird. Auf diese Struktur lässt sich auch der Satz *Mary was working on a new novel* zurückführen:

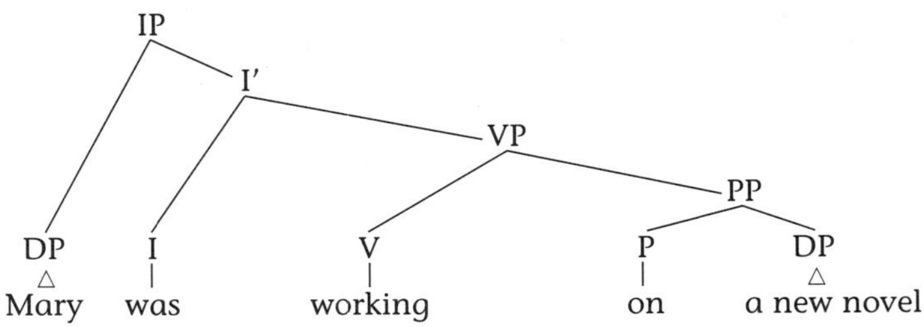

Transformation

Dieser Satz kann in eine mit ja oder nein zu beantwortende Frage umgewandelt werden, indem das Hilfsverb *(was)* vor dem Subjekt *(Mary)* plaziert wird, wie in:

Was Mary working on a new novel?

In diesem Fall wird die Bedeutung des Satzes durch syntaktische Bewegung signalisiert – durch die Tatsache, dass ein Element in einer anderen Position als im Aussagesatz erscheint.[1] Linguistisch wird dieser Sachverhalt so beschrieben: Fragesatz und Aussagesatz sind durch eine **Transformation** *(transformation)* miteinander verwandt. Die Beziehung zwischen den beiden Sätzen wird folgendermaßen erklärt: Die grundlegende Struktur der Sätze ist die gleiche, aber der Kopf des Satzes, das Hilfsverb also, ist im Fragesatz aus der Kopf-Position in eine Position vor dem Subjekt des Satzes verschoben worden. Um die Beziehung zwischen den beiden Sätzen anzudeuten, kann im Fragesatz die Ausgangsposition des Hilfsverbs durch eine **Spur** *(trace,* t*)* markiert werden, einen Stellvertreter für das verschobene Element:

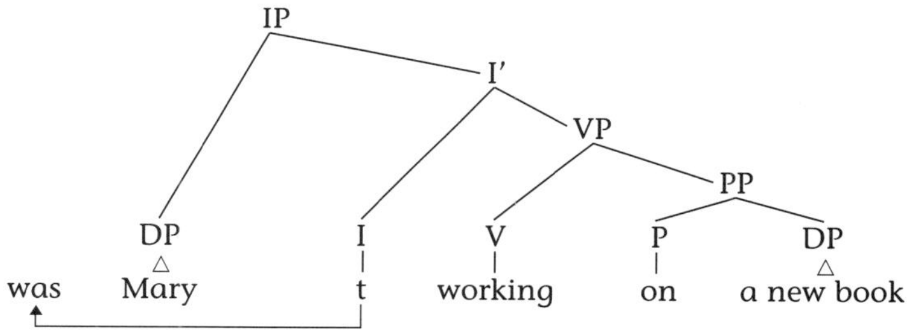

Complementizer Position

Das verschobene Hilfsverb muss natürlich syntaktisch eingebunden werden, d. h. es muss in einer strukturell angelegten Position vor dem Satz erscheinen. Ein möglicher „Landeplatz" für das Hilfsverb ist die Complementizer-Position (C), die wir bereits aus der Analyse eingebetteter Sätze kennen. Es handelt sich um die Position vor dem eingebetteten Satz, die der Complementizer *that* einnehmen kann, wie z. B. in

We knew that Mary was working on a new book.

Da der Complementizer *that* ausschließlich vor eingebetteten Sätzen in Erscheinung tritt, steht diese Position in einer Frage für das Hilfsverb zur Verfügung:

1 Die Darstellung syntaktischer Transformationen in diesem Kapitel folgt Chomskys *Principles and Parameters*-Modell. Vgl. vor allem Radford, *Syntactic Theory and the Structure of English*, der Chomskys Theorie in verständlicher Form darlegt.

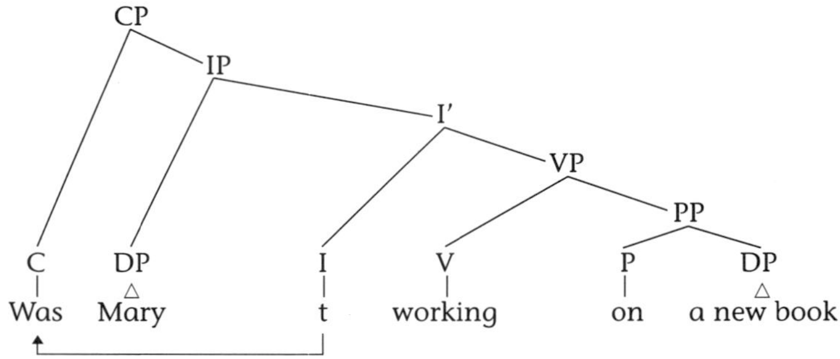

Ebenso wie der durch *that* eingeleitete eingebettete Satz kann also auch eine Frage im Englischen als CP aufgefasst werden.

2 Die Struktur von *wh*-Fragen

***wh*-Fragen**

Die oben erläuterte Struktur lässt sich noch erweitern, um auch für einen zweiten Fragetyp im Englischen eine adäquate Struktur zu bieten, nämlich für Fragen wie

What was Mary working on?

in denen die Frage durch ein Fragewort eingeleitet wird. Fragen wie diese werden als ***wh*-Fragen** *(wh-question)* bezeichnet, weil sie durch ein mit *wh* beginnendes Fragewort eingeleitet werden: *who, what, why, where, when.* (Die einzige Ausnahme in dieser *wh*-Gruppe bildet *how.*) Derartige Konstruktionen fragen nach Konstituenten; sie fordern den Gesprächspartner dazu auf, eine Konstituente zu ergänzen, z. B.:

Frage: *What* was Mary working on?
Antwort: *A new book.* She was working on a new book.

Das Fragewort steht stellvertretend für die Art von Konstituente, nach der gefragt wird. Da *what* eine DP vertritt, ist *what* ein Fragepronomen.

***wh*-Bewegung**

In dem Satz

She was working on a new book.

fungiert *a new book* als Komplement von *on.* In der Frage

What was Mary working on?

folgt auf die Präposition *on* kein Komplement, obwohl die Präposition ein solches verlangt. Das Fragepronomen *what,* das vor dem Hilfsverb erscheint, kann jedoch als Komplement von *on* betrachtet werden, fragt es doch genau nach der Konstituente, die in dem Aussagesatz *She was working on a new book* das Komplement von *on* ausmacht. Diese Annahme legt nahe, dass *wh*-Fragen durch ein Verschieben der *wh*-Konstituente an den Satzanfang gebildet werden. Die *wh*-Form wird also in die erste Position des Satzes verschoben, um den Ausgangspunkt der Frage zu liefern. Da *what* auch in der Frage noch das Komplement von *on* bildet, kann eine Spur in der Position nach der Präposition angenommen werden, und diese Spur steht in Verbindung mit *what*. Deshalb können wir einer *wh*-Frage die folgende Struktur zuschreiben:

What was Mary t working on t?

CP-Struktur

Wiederum gilt, dass dem verschobenen Element eine Position in der Satzstruktur zugewiesen werden muss. Diese Position lässt sich hinsichtlich ihrer Relation zum Hilfsverb in C mit der Relation des Subjekts zum Kopf des Satzes vergleichen: So wie das Subjekt den Kopf (I) und dessen Komplement (VP) spezifiziert, so spezifiziert die *wh*-Form das verschobene Hilfsverb und dessen Komplement, den Satz (IP). Daher lässt sich ausgehend von dem Grundmuster

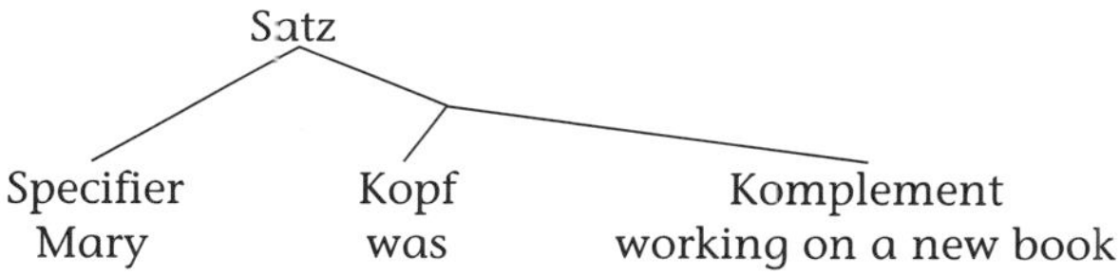

das folgende, erweiterte Strukturmuster annehmen:

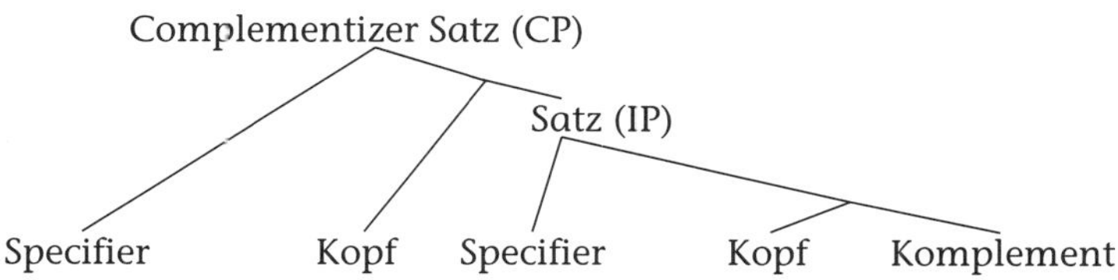

Dieses Muster reflektiert die Struktur von *wh*-Fragen wie der folgenden:

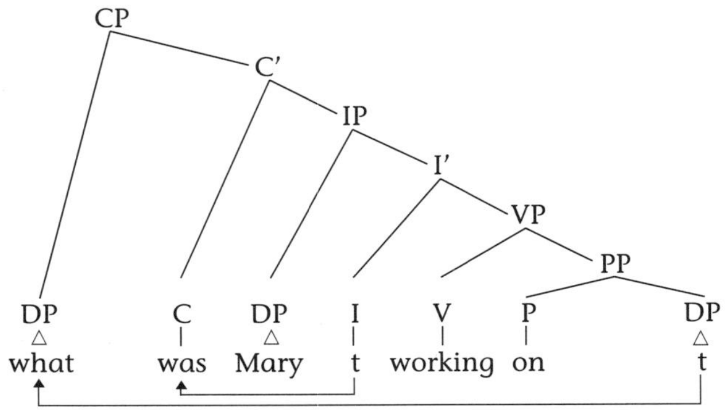

Kopf zu Kopf Bewegung

Der Kopf des Satzes *(was)* ist verschoben worden und wurde dabei zum Kopf der CP. Diese Bewegung, bei der eine Konstituente aus einer Kopfposition (I) in eine andere Kopfposition (C) verschoben wird, bezeichnet man als „**Kopf zu Kopf Bewegung**" *(head to head movement)*. Die *wh*-Form *(what)* ist zum Specifier des neuen Kopfes geworden. C' kann in dieser Konstruktion zur Bezeichnung des zwischengeschalteten Knotens verwendet werden. Die beiden Bewegungsoperationen in dem obigen Satz erfolgen von rechts nach links. Diese Richtung ist generell für syntaktische Bewegungen im Englischen charakteristisch; Konstituenten können im Englischen nicht in Richtung des Satzendes (also von links nach rechts) verschoben werden.

3 Das Dummy Auxiliary do

Transformationen mit *do*

Besitzt ein Satz ein Hilfsverb als Kopf, so wird dieses in C verschoben, um eine Frage anzuzeigen. Konstruktionen, die kein Hilfsverb enthalten, wie etwa

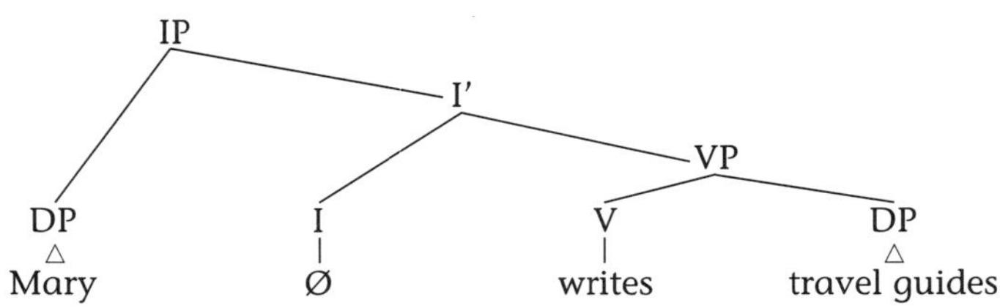

können aber natürlich auch in Fragen umgewandelt werden. In diesem Fall wird das *Dummy Auxiliary do* verwendet, um Tempus und Kongruenz mit der Bewegung in C zu tragen. Das Hilfsverb *do* wird als *Dummy Auxiliary* bezeichnet, weil es nur funktionale

Bedeutung hat; es ist also eine Art „Attrappe“. Die dem obigen Aussagesatz entsprechende Ja/Nein-Frage lautet:

Does Mary t write travel guides?

Wird eine *wh*-Frage gebildet, wird auch das Hilfsverb *do* verwendet:

What does Mary t write t?

Wie schon in Kapitel 6 erwähnt wurde, erscheint das Hilfsverb *do* auch in anderen verwandten Konstruktionen, wie etwa Verneinungen, wenn kein anderes Hilfsverb als Satzkopf vorhanden ist. In Verneinungen wird die Partikel *n't* an den Kopf des Satzes angefügt, wie das folgende Beispiel zeigt:

Mary was working on a new novel.
Mary wasn't working on a new novel.

Hat der Satz jedoch kein Hilfsverb als Kopf, so wird wiederum das *Dummy Auxiliary do* erscheinen:

Mary writes travel guides.
Mary doesn't write travel guides.

Dieser verneinte Kopf kann auch in C verschoben werden, um eine Frage zu bilden, auf die der Fragende eine positive Antwort erwartet:

Wasn't Mary working on a new novel?
Doesn't Mary write travel guides?

Fragen nach Adjunkten

Wh-Fragen können auch nach einem Modifizierer fragen, bei dem es sich um ein Adjunkt in einer Verbalphrase handelt. Man kann z. B. nach Kategorien wie TIME oder PLACE fragen:

When was Mary working on a new novel? In 1994.
Where was Mary working on a new novel? On the terrace.

Und wieder erscheint *do*, wenn kein Hilfsverb als Satzkopf vorhanden ist:

When does Mary write travel guides? In the vacation.
Where does Mary write travel guides? On the terrace.

Fragen mit *who*

Eine Ausnahme von der Grundregel, dass in Fragen immer ein *do* auftaucht, wenn kein anderes Hilfsverb vorliegt, stellen mit *who* eingeleitete Fragen dar, die nach dem Subjekt des Satzes fragen:

Who was working on a new novel?
Who writes travel guides for a living?

In derartigen Fragen erscheint kein *do* als Hilfsverb, und es gibt keinen Hinweis darauf, dass die *wh*-Form verschoben wird. Die Reihenfolge der Konstituenten in der Fragekonstruktion entspricht in diesem Fall der des normalen Aussagesatzes:

Mary writes travel guides for a living.

Einer Frage wie der folgenden

Who writes travel guides for a living?

scheint deshalb keine CP-Struktur zugrundezuliegen, sondern nur die einfache Struktur des Satzes:

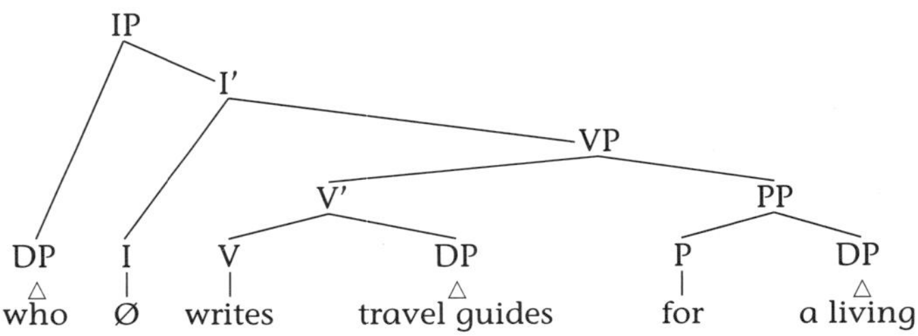

In Fragen wie dieser erscheint es also – anders als sonst in *wh*-Fragen – nicht notwendig, die *wh*-Form zu verschieben, um eine Frage zu bilden. Das Fehlen einer Bewegung der *wh*-Form in mit *who* eingeleiteten Fragen, die nach dem Subjekt des Satzes fragen, hat den folgenden Grund: Die *wh*-Form *who* – der einzige Indikator für das Vorliegen einer Fragekonstruktion – befindet sich aufgrund der Tatsache, dass sie das Subjekt repräsentiert, bereits in einer Specifier-Position der IP am Beginn des Satzes. Deshalb muss für *who* in *Who writes travel guides for a living?* keine zusätzliche Position am Anfang des Satzes geschaffen werden. Muss dagegen eine *wh*-Form aus der VP hinaus bewegt werden, muss eine Position vor der schon besetzten Specifier-Position der IP geschaffen werden, in die die *wh*-Form verschoben werden kann. Dies ist auch in dem folgenden mit *who(m)* eingeleiteten Satz der Fall, der nicht nach dem Subjekt des Satzes fragt, sondern nach dem Komplement des Verbs, also nach einer Konstituente der VP:

Who(m) did Bill meet in the hall?

Da die verschobene *wh*-Form als Komplement des Verbs fungiert, muss sie aus der Verbalphrase in die Specifier-Position von CP verschoben werden. Die Frage weist folglich die typische Struktur einer CP auf, und *do* muss als Hilfsverb erscheinen:

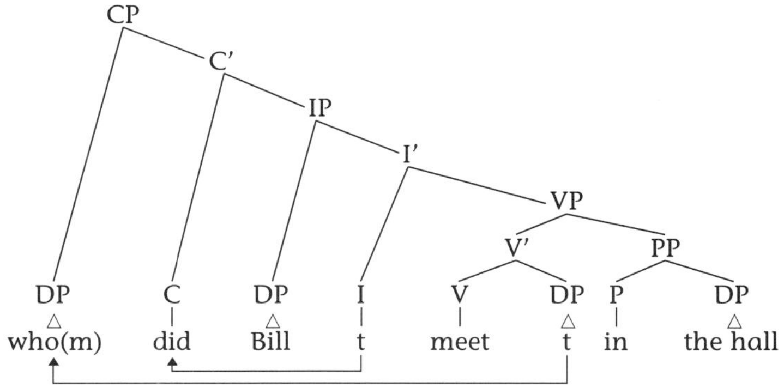

4 Semantische Rollen

Agens, Patiens, Ziel

Das Verb kann als Ausgangspunkt der Satzprojektion gesehen werden, da die lexikalischen Eigenschaften des Verbs festlegen, von welchen Strukturen es umgeben sein kann. Daher sagt man, dass das Verb mit spezifischen **semantischen** oder **thematischen Rollen** *(thematic roles)* assoziiert werde. Ein Verb wie *write* z. B. muss mit zwei Determiner-Phrasen in Verbindung gebracht werden, von denen die eine den Ausführenden der Handlung angibt und die andere das Resultat. In

Mary writes travel guides.

ist *Mary* die Ausführende, die Schreibende, *travel guides* das Resultat der Handlung, das Geschriebene. Deshalb trägt *Mary* die semantische Rolle **Agens** *(agent)*, *travel guides* die semantische Rolle **Patiens** *(patient)*. Das Verb *give* erfordert – anders als *write* – drei semantische Rollen: Agens, Patiens und **Ziel** *(goal)*, wie das folgende Beispiel zeigt:

Mary gave the letter to Tom.

Als Patiens fungiert hier die DP *the letter*, als Ziel die DP *Tom*, und die Präpositionalphrase *to Tom* bringt eine Richtung zum Ausdruck. Das Verb *give* kann auch in einer alternativen Konstruktion erscheinen, in der das Ziel nur durch eine DP *(Tom)* ausgedrückt wird. In diesem Fall wird die Reihenfolge der Rollen im Satz verändert:

Mary gave Tom the letter.

Interne und externe Rollen

Die Rollen Patiens und Ziel werden als interne Rollen des Verbs bezeichnet, da sie Konstituenten in der Verbalphrase entsprechen, während das Agens in diesem Fall die externe Rolle bildet, da es außerhalb der Verbalphrase in der Specifier-Position des Satzes als Subjekt erscheint.

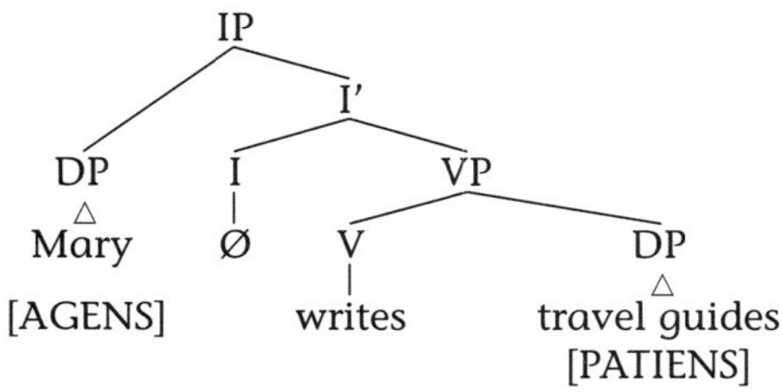

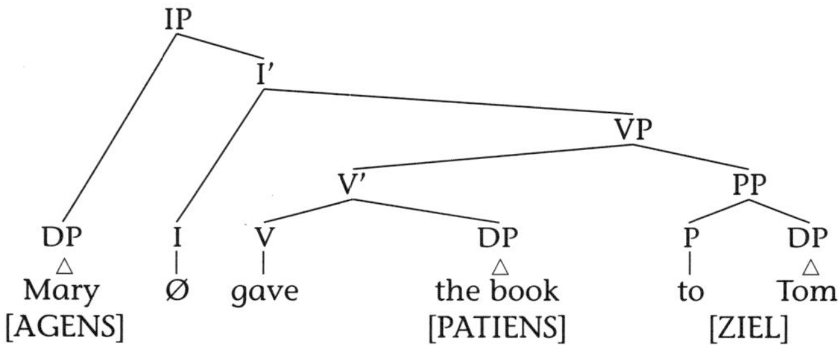

Wenn das Verb ein Agens verlangt, wird dieses zwar typischerweise extern sein, die externe Rolle muss aber nicht unbedingt ein Agens sein. Ein Verb wie *break* etwa kann (a) ein Agens oder (b) einen „**Experiencer**" *(experiencer)* als externe Rolle besitzen, in Abhängigkeit von der intendierten Bedeutung:

(a) Bill broke the window.
(b) Bill broke his arm.

Satz (b) könnte man paraphrasieren als *Bill experienced a broken arm*. Ein Verb wie *fall* in dem Satz

The picture fell off the wall.

weist gar keine interne Rolle auf, und das Subjekt repräsentiert das **Thema** *(theme)*. Die semantische Rolle Thema wird mit etwas assoziiert, dessen Position oder Bewegung angegeben wird.

5 Passivkonstruktionen

Aktiv vs. Passiv

Die obigen Grundüberlegungen zu semantischen Rollen bilden die Voraussetzung für die Beschreibung einer weiteren Gruppe verwandter Satzstrukturen im Kontext des Prinzips syntaktischer Bewegung. Der Satz

Mary wrote the novel in June.

kann in die folgende **Passivkonstruktion** *(passive construction)* transformiert werden:

The novel was written (by Mary) in June.

Wie oben erläutert wurde, verlangt das Verb *write* zwei semantische Rollen, nämlich Agens und Patiens. Im aktivischen Satz erscheint das Resultat des Schreibens (Patiens) als Komplement von *write*, und das Agens, der Schreibende, als Subjekt:

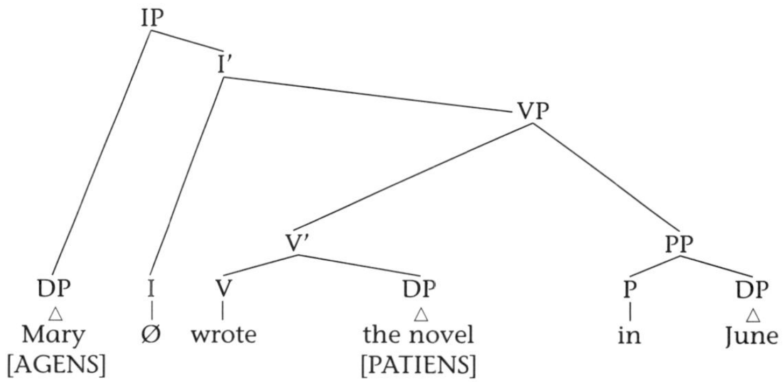

Im Passiv bleiben die beiden semantischen Rollen erhalten. Allerdings ist es in diesem Fall das Patiens *(the novel)*, das als Satzsubjekt auftritt, während das Agens *(Mary)* lediglich als Adjunkt in der VP erscheint, sofern es überhaupt realisiert wird. In der Passivkonstruktion bildet das Hilfsverb *was* den Kopf des Satzes, und das Verb muss folglich als **Partizip** *(participle)* Passiv auftreten *(written)*. Passivische Konstruktionen verwenden grundsätzlich das Patiens anstelle des Agens als Ausgangspunkt des Satzes. Ein Agens wird aber selbst dann durch die Verwendung des Partizips Passiv signalisiert, wenn es nicht explizit durch eine mit *by* eingeleitete PP ausgedrückt wird. In semantischer Hinsicht hebt die aktivische Konstruktion hervor, was Mary getan hat, während die Passivkonstruktion betont, was sich bezüglich des Romans getan hat.

Bewegung

Die Beziehung, die im Falle des Verbs *write* zwischen der Aktiv- und der Passivkonstruktion besteht, kann mithilfe von syntaktischer Bewegung erklärt werden: Die DP *the novel*, das Komplement von *write*, kann aus der Verbalphrase in die Subjektposition des Satzes verschoben werden. Es lässt dann in der ursprünglichen Position in der VP eine Spur zurück, die die DP weiterhin strukturell und semantisch an die Position des Komplements bindet. Die Struktur des Passivsatzes lässt sich deshalb wie folgt darstellen:

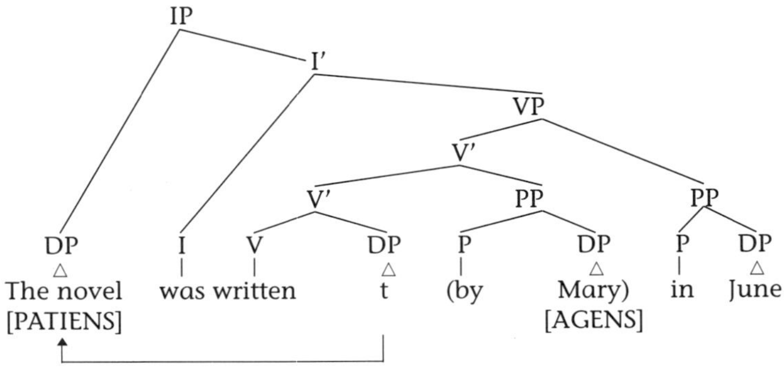

Wenn das Komplement des Verbs in die Subjektposition des Satzes verschoben werden kann, dann darf die Subjektposition zuvor nicht besetzt gewesen sein, da keine Bewegung in eine schon besetzte Position erfolgen kann; Bewegungsoperationen können grundsätzlich nur in unbesetzte Positionen erfolgen. Die Ausgangsstruktur eines Passivsatzes könnte also wie folgt aussehen:

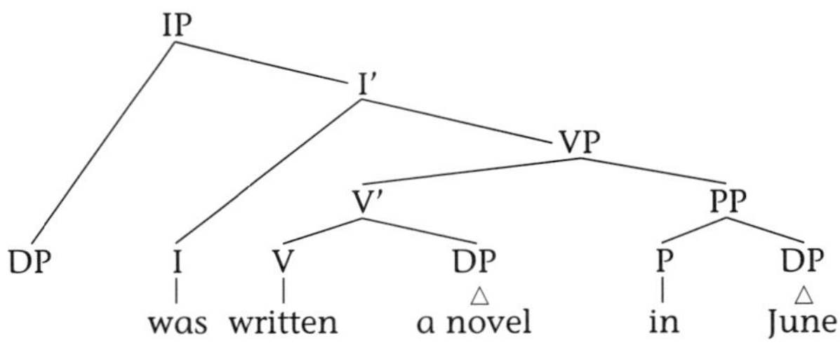

there

Im Englischen ist ein Satz mit leerer Specifierposition ungrammatisch, weil der Kopf des Satzes ein Subjekt als Specifier verlangt. Deshalb wird normalerweise das Patiens in die Subjektposition verschoben. Es gibt allerdings auch die Möglichkeit, das Expletivum *there*, ein stellvertretendes Subjekt, in Passivkonstruktionen zu verwenden. In diesem Fall hat man aber nicht die Struktur

There was written a novel in June.

sondern:

There was a novel written in June.

Das Patiens *a novel* scheint also auch in diesem Fall verschoben zu sein. Es erscheint zwar nicht in der Position des Satzspecifiers, aber auf der linken Seite des Verbs und folglich nicht in der Komplementposition nach dem Verb *written*. Man kann daraus folgern, dass das Patiens eine Position als Specifier des Verbs einnimmt und Subjekt der Verbalphrase ist, ohne zugleich Subjekt des Satzes zu sein. Das Expletivum *there* muss in einer Konstruktion wie der obigen dieselben Merkmale besitzen wie der Specifier der Verbalphrase: Die Kongruenz mit dem Satzkopf in Abhängigkeit von dem Specifier der Verbalphrase kann Singular oder Plural erfordern. In dem folgenden Beispiel liegt im Gegensatz zu dem obigen Satz Plural-Kongruenz vor:

There were three novels written in June.

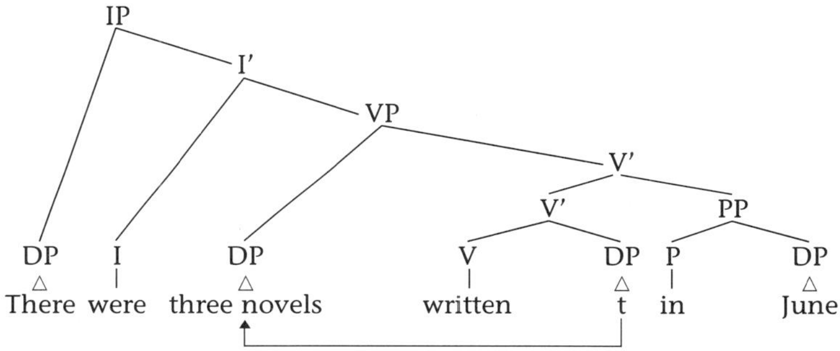

6 Die *small clause* und die Struktur der englischen Verbalphrase

Small Clause

Dass in einer Verbalphrase auch dann ein Subjekt auftreten kann, wenn es sich bei dem Satz nicht um eine Passivkonstruktion handelt, zeigen eingebettete Prädikationen wie die folgende:

We saw [Mike close the garage].

In diesem Satz fungiert *Mike close the garage* als Komplement des Verbs *saw*. Diese Konstruktion wird oft als **small clause** *(small clause)* bezeichnet. Bei einer *small clause* kann es sich nicht um einen Satz handeln, da für einen Satz immer ein Satzkopf I erforderlich ist. Ein solcher fehlt jedoch in der *small clause*. Deshalb muss man annehmen, dass eine *small clause* eine Verbalphrase mit einer DP als Subjekt ist. Der Satz *We saw Mike close the garage* weist folglich die nachstehende Struktur auf:

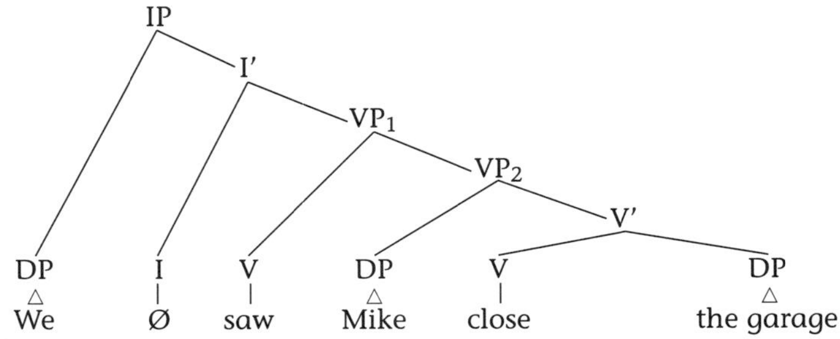

Mike fungiert in der zweiten VP als Subjekt und trägt die semantische Rolle Agens.

Subjekt der VP

Ein Vergleich einer solchen *small clause* mit einem Satz legt die Vermutung nahe, dass das Satzsubjekt immer ursprünglich das Subjekt der Verbalphrase ist. Das Satzsubjekt trägt eine vom Verb zugewiesene semantische Rolle. Deshalb erscheint es sinnvoll, anzunehmen, dass das Satzsubjekt das Subjekt der Verbalphrase ist und damit Specifier jenes Elements, das die semantischen Rollen zuweist. Bei der Konstruktion des Satzes wird das Subjekt der Verbalphrase dann in die Specifier-Position des Satzes verschoben. Das folgende Beispiel illustriert diese Bewegung:

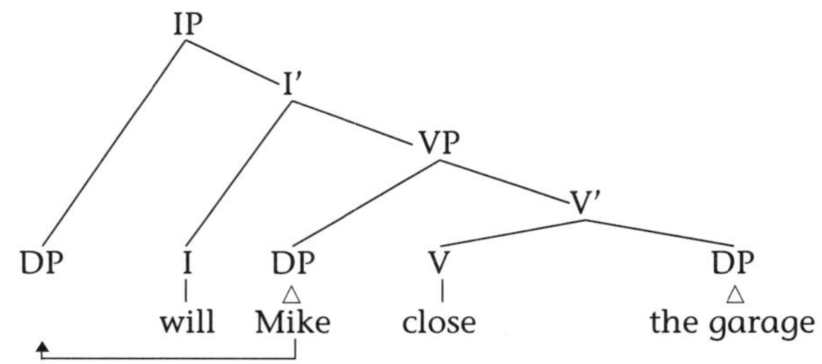

Satzstruktur

Ausgehend von diesen Beobachtungen lässt sich die folgende verallgemeinernde Feststellung über die Satzstruktur treffen: Ausgehend von einem Verb wird unter Berücksichtigung von dessen Eigenschaft, semantische Rollen zuzuweisen, eine Verbalphrase projiziert. So weist etwa das Verb *close* zwei Rollen zu, Agens und Patiens, die syntaktisch realisiert werden als

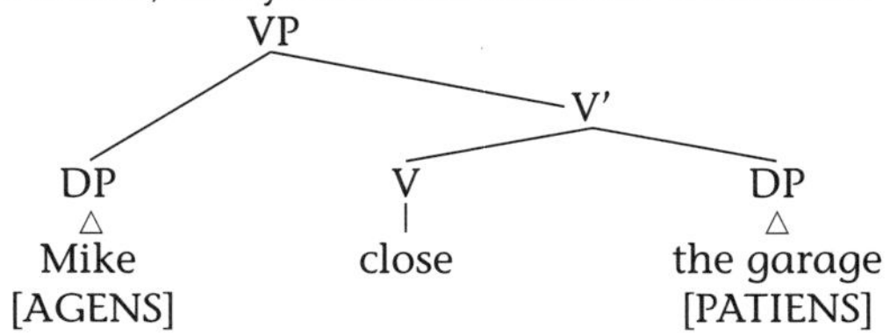

In dieser Konstruktion erscheint das Agens als Subjekt, also als potentielle externe Rolle. Für einen vollständigen Satz ist erforderlich, dass die Verbalphrase mit einem Satzkopf, der Flexion, zusammengebracht wird und das Subjekt der Verbalphrase Subjekt des Satzes wird, indem es in die Specifier-Position des Satzes verschoben wird – als Ausgangspunkt der Prädikation. Alle Sätze würden dann vom Verb ausgehend projiziert, und die Relation zwischen der Verbalphrase und dem Satz würde auf Bewegung des VP-Subjekts in die Subjekt-Position des Satzes beruhen.

7 Zusammenfassung

In diesem Kapitel wurden die Struktur verschiedener Satztypen und die strukturelle Relation dieser Satztypen zum Aussagesatz untersucht. Solche Relationen lassen sich mithilfe des Prinzips syntaktischer Transformation, das die Bewegung verschiedener Konstituenten des Satzes annimmt, beschreiben. Außerdem wurde gezeigt, wie Bedeutung durch ein Verändern der Reihenfolge der Elemente im Satz konstruiert werden kann. Das Hilfsverb, der Kopf des Satzes, erscheint in Fragen vor dem Subjekt des Satzes. In *wh*-Fragen wird das *wh*-Fragewort, d. h. die Konstituente, nach der gefragt wird, vor das ebenfalls bewegte Hilfsverb verschoben, um das Hilfsverb zu spezifizieren, während seine ursprüngliche Position durch einen Stellvertreter, Spur (t), erhalten wird. Es wurde weiter gezeigt, wie der Satz ausgehend vom Verb und den mit diesem verknüpften semantischen Rollen projiziert wird. Ein Vergleich der syntaktischen Positionen solcher semantischen Rollen bietet die Grundlage für eine Erklärung von Passivkonstruktionen im Englischen, in denen eine Rolle der Verbalphrase in die Specifier-Position des Satzes verschoben werden kann, um einen alternativen Ausgangspunkt des Satzes zu bilden. Das Prinzip der Bewegung aus der VP wurde dann ausgeweitet als Grundlage für die Erklärung der Beziehung zwischen VP und Satz. Dabei wurde gezeigt, dass das Subjekt der VP gleichzeitig Subjekt des Satzes ist und dass der Satz entsteht, wenn das Subjekt der VP in die Subjektposition des Satzes verschoben wird.[2]

---

2 Als vertiefende und weiterführende Literatur sind besonders zu empfehlen: Cook/Newson, Kap. 4 und 5 sowie Radford, *Syntax. A Minimalist Introduction,* Kap. 5, 6 und 7.

8 KAPITEL Grundzüge des Erstspracherwerbs

It doesn't matter about being born in a duckyard,
as long as you are hatched from a swan's egg.

HANS CHRISTIAN ANDERSEN, *»The Ugly Duckling«*

1 Erstspracherwerb und Universalgrammatik

Grammatikentwicklung

Kinder eignen sich ihre Muttersprache in einem bemerkenswert kurzen Zeitraum an und entwickeln in diesem kurzen Zeitraum ein sprachliches System, das dem erwachsener Sprecher in der Sprachgemeinschaft, in die sie hineinwachsen, entspricht.[1] Der sprachliche Input, mit dem ein Sprecher konfrontiert wird, bleibt immer begrenzt, denn der Sprecher wird nie alle in einer Sprache potentiell möglichen Sätze hören. Dennoch stellt sich der sprachliche Output – die Zahl der von einem Sprecher konstruierten und konstruierbaren Sätze – als potentiell unbegrenzt dar: Jeder Sprecher produziert und interpretiert fortwährend Sätze, denen er noch nie zuvor begegnet ist. Der Spracherwerb kann folglich unmöglich in Form eines bloßen Auswendiglernens einzelner Sätze ablaufen. Im Erstspracherwerb scheint ein Kind vielmehr auf der Basis seines sprachlichen Inputs eine Grammatik zu entwickeln, die es ihm erlaubt, alle in der Muttersprache möglichen Sätze zu konstruieren.

Kein Unterricht

Kinder eignen sich ihre Muttersprache völlig ohne Sprachunterricht an, also ausschließlich auf der Grundlage des Kontakts mit der in ihrer Umgebung gesprochenen Sprache. Sie erhalten deshalb auch keine unmittelbaren Hinweise darauf, welche Formen und Konstruktionen in der jeweiligen Sprache nicht vorkommen. Versuche, einem Kind eine Sprache aktiv beizubringen oder Fehler, die das Kind zunächst macht, zu korrigieren, scheinen keinen spürbaren Einfluss auf Verlauf und Fortschritt des Spracherwerbs zu haben. Die folgende Anekdote illustriert die Sinnlosigkeit von Versuchen, Kinder sprachlich zu korrigieren, um so den Erstspracherwerb zu steuern:

Child: Nobody don't like me.
Mother: No, say "nobody likes me."
Child: Nobody don't like me.
[eight repetitions of this dialogue]

Mother: No, now listen carefully; say "nobody likes me."
Child: Oh! Nobody don't likes me.[2]

Kinder scheinen ihre Sprache unabhängig von den möglichen Versuchen Erwachsener, korrigierend in den Erstspracherwerb einzugreifen, gemäß einem vorgegebenen Plan zu entwickeln. Gewisse sprachliche Prinzipien scheinen sich ohnehin nicht unterrichten zu lassen. Ein Beispiel dafür ist das Prinzip der strukturellen Dependenz, das darin besteht, dass Bewegung nicht einzelne Wörter betrifft, sondern syntaktische Struktureinheiten: So wird bei der Frage, die dem Aussagesatz *The light is on* entspricht *(Is the light on?)*, ebenso wie bei der Frage für *The light which is in the garage is on (Is the light which is in the garage on?)* der Kopf des Hauptsatzes, also ein bestimmtes strukturelles Element, in den Complementizer C verschoben – und nicht etwa das dritte Wort oder das erste *is*.

Universalgrammatik

Um die Charakteristika des Erstspracherwerbs erklären zu können, muss man annehmen, dass das Kind bereits bei seiner Geburt auf den Spracherwerb vorbereitet ist. Als menschliches Wesen verfügt es über angeborene kognitive Strukturen, die nicht nur festlegen, dass das Kind überhaupt eine Sprache erlernen wird, sondern darüber hinaus auch bestimmen, wie die für die Sprache charakteristischen Prinzipien aussehen können. Diese angeborenen kognitiven Strukturen werden auch als **Universalgrammatik** *(Universal Grammar)* bezeichnet. Welche Sprache sich das Kind tatsächlich aneignet, hängt natürlich davon ab, welche Sprache in der kulturellen Gemeinschaft gesprochen wird, in die das Kind hineinwächst, denn es ist selbstverständlich nicht eine spezifische Sprache (wie Englisch, Deutsch oder Türkisch), die angeboren ist. Dennoch folgt jede Sprache den Prinzipien der Universalgrammatik.

Kopf-Prinzip

Wie bereits in Kapitel 1 erläutert wurde, besteht eins dieser universellen Prinzipien darin, dass Phrasen stets von einem Kopf projiziert werden. Da das Kopf-Prinzip in unterschiedlichen Einzelsprachen auf verschiedene Weise umgesetzt wird, muss es im Erstspracherwerb hinsichtlich seiner Parameter bestimmt werden. Das Kind muss also ausgehend von sprachlichem Input festlegen, ob in seiner Muttersprache der Kopf links vom Komplement steht, wie dies u.a. im Englischen oder Französischen der Fall ist, oder rechts, wie im Türkischen oder Japanischen.

---

1 Vgl. zur Darstellung der Grundzüge des Spracherwerbs in diesem Kapitel vor allem Clark/Clark, Goodluck und Radford, *Syntactic Theory and the Acquisition of English Syntax.*

2 Clark/Clark, S. 336

Entwicklungsphasen

Ein wichtiger Grund für die Annahme, dass jedes Kind zum Sprechen prädestiniert ist und Erstspracherwerb durch angeborene kognitive Strukturen gesteuert wird, besteht darin, dass der Spracherwerb in vorhersagbaren Phasen abläuft und diese Phasen unabhängig von der Sprache, die das Kind erlernt, identisch sind. Jedes Kind durchläuft die folgenden Stadien des Erstspracherwerbs:

0–12 Monate: **Vorsprachliche Phase** *(prelinguistic stage)*
12–18 Monate: **Ein-Wort-Phase** *(single-word stage)*
18–24 Monate: **Frühe Mehrwortphase** *(early multi-word stage)*
24–30 Monate: **Späte Mehrwortphase** *(later multi-word stage)*[3]

Die Reihenfolge dieser vier Phasen ist stets gleich. Die Altersspanne für die einzelnen Phasen kann allerdings von Kind zu Kind um bis zu +/– 20% variieren.

2 Der Erwerb des Lautsystems

Erste Silben

Im ersten Lebensjahr befindet sich das Kind in der „Plapper-Phase", in der es seinen Sprachapparat zu erproben scheint. Die Produktion von Lauten erscheint noch willkürlich und reflektiert offenbar nicht die phonologischen Charakteristika der zu erlernenden Sprache. Gegen Ende des ersten Lebensjahres beginnt das Kind, konsistente Silben zu produzieren, die allerdings noch nicht mit Bedeutung assoziiert zu sein scheinen. Diese Silben weisen die Struktur Konsonant + Vokal auf – eine Struktur, die auch unmittelbar hintereinander wiederholt werden kann:

KV (KV)

Der Konsonant ist dabei labial – also [p(b)/m] – und der Vokal so weit offen wie möglich, d. h. [a]. Diese noch nicht sprachspezifische Gesetzmäßigkeit erklärt wohl auch, weshalb die ersten vermeintlichen „Wörter" eines Kindes unabhängig von der Sprache der Sprachgemeinschaft oft „Mama" oder „Papa" zu lauten scheinen.

Phoneme

Im Folgenden eignet sich das Kind immer neue Kontraste zwischen sprachlichen Lauten an. Hinsichtlich der Vokale kommt es zunächst zu einer Ausbildung des Kontrasts hoch/niedrig ([a/i]), dann zur Ausbildung des Kontrasts vorderer/hinterer Vokal ([i/u]). Dies ergibt das folgende grundlegende Vokaldreieck menschlicher Sprache:

i   u
        a

Bei den Konsonanten zeigt sich zunächst ein Kontrast labial/dental ([p/m/t/n]), der Lautsequenzen wie „mimi", „pipi", „pupu" oder „tata" ermöglicht. Im weiteren Verlauf der sprachlichen Entwicklung erwirbt das Kind die übrigen phonologischen Kontraste der Sprache, die in seiner Umgebung gesprochen wird: In der Sprachproduktion des Kindes treten Plosive vor Frikativen auf und Frikative wiederum vor Affrikaten. Die letzten Kontraste, die sich zeigen, sind diejenigen, die die Approximanten betreffen. Die Fähigkeit zur Wahrnehmung von Phonemunterschieden scheint sich bei Kindern früher herauszubilden als die Fähigkeit, diese Phonemunterschiede auch in der eigenen Sprachproduktion umzusetzen. Dies verdeutlicht die folgende Situation:

One of us, for instance, spoke to a child who called his inflated plastic fish a fis. In imitation of the child's pronunciation, the observer said: "This is your fis?" "No," said the child, "my fis." He continued to reject the adult's imitation until he was told, "That is your fish." "Yes," he said, "my fis."[4]

In diesem Fall kann das Kind den lautlichen Unterschied offenbar bereits wahrnehmen, obwohl es ihn noch nicht selbst produzieren kann.

3 Der Erwerb sprachlicher Zeichen

Ein-Wort-Phase

Gegen Ende des ersten Lebensjahres endet die vorsprachliche Phase, und die Ein-Wort-Phase setzt ein, in der sich das Kind Zeichenbeziehungen aneignet. Seine ersten Wörter produziert ein Kind, sobald es in der Lage ist, Bedeutungen mit Lautfolgen zu verknüpfen. Die ersten Wörter des Kindes stehen normalerweise in referentieller Beziehung zu konkreten Objekten in seiner Umgebung. Das heißt, das Kind lernt zuerst, auf das Bezug zu nehmen, was sich in seinem unmittelbaren Umfeld befindet. Es lernt – gemäß dem **„Hier und jetzt-Prinzip"** *(here and now principle)* – über seine Umgebung zu sprechen.[5] Dabei können die vom Kind verwendeten Zeichen sich u. U. recht deutlich von denen, die für die Sprache Erwachsener charakteristisch sind, unterscheiden. Daher ist mitunter eine gehörige Portion Phantasie erforderlich, will man das Objekt, auf das von einem Kind Bezug genommen wird, identifizieren.

---

3 Vgl. zur Einteilung der Phasen Radford, *Syntactic Theory and the Acquisition of English Syntax*, S. 20.

4 Clark/Clark, S. 384

5 Vgl. Clark/Clark, S. 322.

Abweichende Lautfolgen

Hinsichtlich des Lautbildes auftretende Abweichungen von der Sprache der Erwachsenen lassen sich u.a. auf eine Tendenz zur Vereinfachung lautlicher Strukturen zurückführen. So werden teils Phoneme weggelassen, um die Silbenstruktur zu vereinfachen, idealerweise zu dem Silbentyp Konsonant + Vokal. Zu diesem Zweck können aus einer Konsonantengruppe ein Konsonant oder auch mehrere getilgt werden. Konsonanten am Wortende werden oft weggelassen, und solche am Beginn eines Wortes werden häufig durch andere ersetzt. Dadurch kann es zu Lautsequenzen wie den folgenden kommen:

[ba] für ball
[ta] für cat

Durch Reduktion von Konsonantenkombinationen können auch Lautfolgen wie die folgenden entstehen:

small [mɔ]
cry [kaɪ]

Bedeutungserwerb

Im Alter von etwa 1½ Jahren hat das Kind einen Wortschatz gespeichert, der einige Dutzend Wörter umfasst, die allerdings nur isoliert auftreten und noch nicht miteinander verknüpft werden. Das Kind muss beim Erlernen der Zeichenbeziehungen, die diesen Wortschatz ausmachen, aber nicht nur die Lautbilder mental speichern, sondern muss auch die in der Zeichenstruktur jeder Sprache implizierten Kategorisierungen übernehmen. Im Prozess der Aneignung der Bedeutungen kann es vorkommen, dass das Kind aufgrund des Inputs zunächst zu einer Kategorisierung gelangt, die nicht der in der Sprachgemeinschaft üblichen entspricht. Typischerweise lassen sich solche Abweichungen in der Kategorisierung der sprachlichen Welt als Überextension *(overextension)* und Unterextension *(underextension)* beschreiben. Bei Überextension ist die Bedeutung, die das Kind einem sprachlichen Zeichen zuschreibt, allgemeiner, also weiter gefasst, als dies sonst in der Sprachgemeinschaft der Fall ist. So kann etwa die Bezeichnung für eine bestimmte Tierart (z. B. *dog)* verwendet werden, als ob es sich dabei um *animal*, also einen übergeordneten Begriff handeln würde, oder *ball* kann für alle möglichen Arten von runden Objekten verwendet werden. Geschieht dies, so zeigt der Vorgang, dass das Kind nur einige jener Merkmale, die die Bedeutung eines Zeichens ausmachen, gespeichert hat. Es fehlen Merkmale, die dem Kind z. B. die Abgrenzung eines Balls von anderen runden Objekten ermöglichen würden. Im Falle von Unterextension wird eine Bedeutung enger gesetzt, als es in der Sprachgemeinschaft sonst üblich ist. Unterextension ist der Grund, wenn z. B. *dog* nur für den eigenen Pudel, aber nicht für andere Hunde oder Hunderassen, etwa die Dogge des Nachbarn, verwendet wird. Bei Über- und Unterextension entspricht der Merkmalssatz, der für das Kind die Bedeutung des Zeichens ausmacht, nicht dem, der in der Sprachgemeinschaft der Bedeutung des jeweiligen Zeichens entspricht. Im Laufe der sprachlichen Entwicklung wird die Bedeutung der Zeichen dem Gebrauch der Zeichen in der Sprachgemeinschaft angepasst.

4 Der Erwerb syntaktischer Strukturen

Frühe Mehrwortphase

Die wichtige Neuerung in der dritten Entwicklungsphase, die im Alter zwischen 18 und 24 Monaten durchlaufen wird, besteht darin, dass das Kind nun beginnt, Wörter zu syntaktischen Konstruktionen zu kombinieren. Dieses Entwicklungsstadium wird als frühe Mehrwortphase bezeichnet oder auch – aufgrund der Tatsache, dass Wörter gemäß einem Muster kombiniert werden, – als *Early Child Grammar*-Phase.[6]

Grammatische Kategorien

Das Kind scheint mit einer grammatischen Kategorisierung des Vokabulars zu beginnen, da es jetzt die Pluralendung *-s* für Nomina – und ausschließlich für diese Wortart – verwendet *(doggy, doggies)* und die nicht finiten Flexionsendungen für Verben *(eating, gone)*. Die in der Kindersprache auftretenden Wortfolgen entsprechen bereits dem Prinzip des syntaktischen Kopfes und bilden grundlegende Phrasenstrukturen, wie die folgenden Beispiele illustrieren:[7]

NP	nice book dirty boots bad boy cup tea
VP	want money drive truck getting out more read book
AP	very good bit hot very very naughty good to me
PP	with ball in there without shoe right down

6 Vgl. zu diesem Begriff Radford, *Syntactic Theory and the Acquisition of English Syntax.*
7 Beispiele aus Radford, *Syntactic Theory and the Acquisition of English Syntax,* Kap. 3.

Elementare Prädikationen

Für die Ein-Wort-Phase kann zwar eine Liste des Wortschatzes eines Kindes erstellt werden, aber diese ist nicht sehr aussagekräftig:

a list of the objects that the child's first words refer to does not tell us much about what the child is talking about. When children say truck, for example, they might be talking about it because it is a mover, a movable, or a place. What is important is the role the truck plays in the event being talked about.[8]

In der *Early Child Grammar*-Phase beginnt das Kind jedoch, semantische Rollen syntaktisch zu projizieren und elementare Prädikationen zu konstruieren:

Want Teddy
Eating cookie
Paula play with ball

Derartige Wortfolgen zeigen, dass die für das Englische charakteristische Reihenfolge Kopf vor Komplement bereits etabliert ist. Als grundlegende Prädikationen entsprechen die obigen Konstruktionen dem englischen Phrasenstrukturmuster:

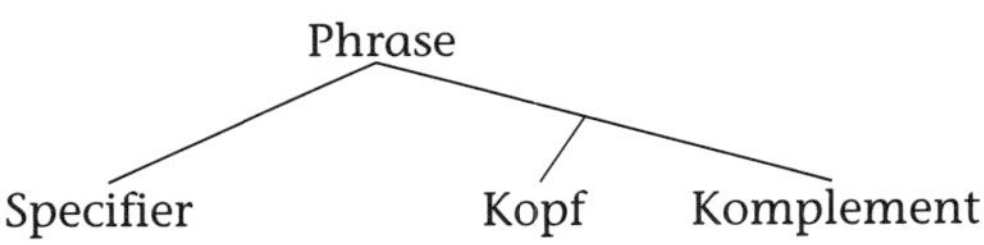

Jede der Wortfolgen entspricht dem Kopf + Komplement-Muster. Obwohl nur die dritte Konstruktion ein explizites Specifier-Subjekt *(Paula)* aufweist, kann das Subjekt der beiden anderen Konstruktionen aufgrund der Tatsache, dass der Sprecher sich offensichtlich auf sich selbst bezieht, problemlos erschlossen werden.

Lexikalische Projektionen

In der *Early Child Grammar*-Phase scheint das Kind lediglich elementare lexikalische Projektionen als Prädikationen zu verwenden. Die Markierungen für Finitheit, die Flexionsendungen *-s* und *-ed*, fehlen noch – ebenso wie die Hilfsverben, die normalerweise im Englischen die Flexion bilden. Weist ein Satz in der Sprache des erwachsenen Sprechers die folgende Struktur auf

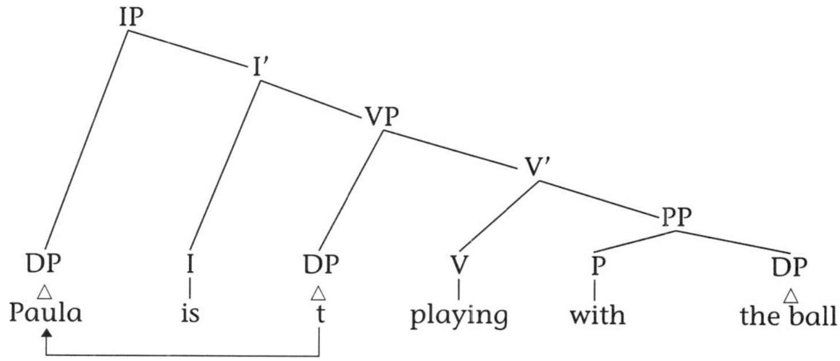

so besitzt die entsprechende Prädikation in der *Early Child Grammar*-Phase lediglich die nachstehende Struktur:

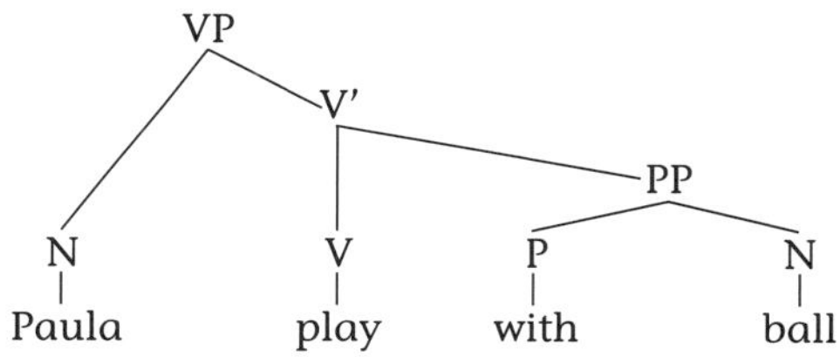

Während Nominalphrasen in von Erwachsenen gesprochenem Englisch determiniert sein müssen, sind die vom Kind verwendeten Nominalphrasen nicht determiniert. Da das Kind noch keine Projektionen oberhalb der elementaren Phrase besitzt, finden sich auch noch keinerlei Bewegungen, um z. B. einen Fragesatz zu bilden. Deshalb werden Fragen ausschließlich durch die Intonation markiert:

Daddy coming?

Semantische Rollen

Die *Early Child Grammar*-Phase wird oft auch als „Zwei-Wort-Phase" bezeichnet, obwohl die Äußerungen des Kindes keineswegs immer aus nur zwei Wörtern bestehen. Die Tatsache, dass das Kind häufig aus zwei Wörtern zusammengesetzte Äußerungen produziert, hängt mit der Tatsache zusammen, dass die Grammatik des Kindes in dieser Phase die Möglichkeit zulässt, semantische Rollen zu implizieren, statt sie explizit als Bestandteil einer Konstruktion zu realisieren. Deshalb könnte ein Kind in dieser Phase alternativ eine der nachfolgenden Konstruktionen verwenden:

8 Clark/Clark, S. 302

Mommy	open box
	Open box
Mommy	open
	Open

Im ersten Beispiel werden die Rollen Agens und Patiens, die mit dem Verb *open* assoziiert werden, explizit projiziert, im zweiten Fall dagegen nur das Patiens, im dritten nur das Agens und im letzten schließlich keine der beiden Rollen, d. h. hier hängt die Interpretation allein vom Kontext ab.

Funktionale Projektionen

In der vierten Phase des Erstspracherwerbs, die etwa im Alter von zwei Jahren einsetzt, beginnt das Kind, funktionale Projektionen und DPs zu verwenden. In den folgenden Beispielen, die von einem Kind im Alter von 26 Monaten stammen, sieht man die Verwendung finiter Projektionen; in den Sätzen liegt ein Hilfsverb als Kopf vor (a), oder das Verb ist flektiert (b):[9]

(a) I'm opening that.
You can't get me.
(b) I tipped them all in there.
I want Alice.

Fragen werden nun durch Bewegungen signalisiert, was die Verwendung von Complementizer-Projektionen ebenso belegt wie *wh*-Bewegung in die Specifier-Position des Complementizers:

Can I have that?
Do you want that one?
What's he doing?
What have you got?

Nominalphrasen sind in dieser Phase determiniert:

that little baby
a little boy
those pigeons
some flowers

Übergeneralisierung

Im Alter von 30 Monaten ist das Kind in der Lage, Sätze zu produzieren, die den von Erwachsenen verwendeten Sätzen grundsätzlich entsprechen. In diesem Alter treten aber noch gelegentliche syntaktische Fehler auf. So könnte etwa eine Konstruktion wie die folgende gebildet werden:

Where Daddy is going?

Außerdem finden sich bisweilen morphologische Übergeneralisierungen. Dabei handelt es sich um solche Fälle, in denen das Kind eine Regel auch dann anwendet, wenn eine unregelmäßige

Form erforderlich ist. Eine morphologische Übergeneralisierung liegt z. B. in dem folgenden Satz vor:

Billy hitted me.

Das Suffix der regelmäßigen Vergangenheitsformen *(-ed)* wird in dem obigen Beispielsatz fälschlicherweise an ein unregelmäßiges Verb angefügt. Trotz gelegentlicher syntaktischer Fehler und Übergeneralisierungen kann man jedoch sagen, dass sich das Kind im Alter von 30 Monaten die Grammatik des Englischen bereits im wesentlichen angeeignet hat.

Entwicklungsschritte

Jedes Kind entwickelt schließlich eine Grammatik der Muttersprache, die sich nicht wesentlich von der anderer Mitglieder der Sprachgemeinschaft unterscheidet. Die Tatsache, dass der Spracherwerb in vorhersagbaren Entwicklungsschritten erfolgt, in denen sich die Grammatik des Kindes immer mehr der des erwachsenen Sprechers annähert, lässt aber vermuten, dass bei der Entfaltung der Prinzipien, die hinter dem Erstspracherwerb stehen, also den Prinzipien der Universalgrammatik, die kognitive Entwicklung des Kindes eine wichtige Rolle spielt. Das Erlernen des Prinzips des Zeichens als Basis des Lexikons geht allen anderen Entwicklungsschritten voran. Danach folgen die Organisation des Lexikons in lexikalische Kategorien und die Projektionen von lexikalischen Kategorien in Phrasenstrukturen sowie die Fähigkeit, semantische Rollen syntaktisch in Form von elementaren Prädikationen darzustellen. Erst nachdem das Kind die lexikalischen Projektionen der Sprache beherrscht und gelernt hat, wie elementare Prädikationen projiziert werden, beginnt es, Sätze mit I als Satzkopf sowie determinierte Nominalphrasen und Bewegungen zu verwenden.

5 Zusammenfassung

In diesem Kapitel standen die Bedingungen und Entwicklungsschritte des Erstspracherwerbs im Mittelpunkt. Diese lassen die Vermutung zu, dass das Kind für den Spracherwerb insofern prädestiniert ist, als es über angeborene kognitive Strukturen verfügt. Diese bestimmen nicht nur, dass das Kind eine Sprache erlernen wird, sondern auch, welche Eigenschaften eine lernbare Sprache aufweisen muss. Im Erstspracherwerb lassen sich vier Phasen unterscheiden, deren Reihenfolge feststeht, wenngleich die Altersabschnitte, in denen die einzelnen Phasen durchlaufen werden, von Kind zu Kind leicht variieren können. Im Anschluss an die „Ein-Wort-Phase“, in der lediglich von isolierten Wörtern Ge-

9 Beispiele zitiert nach Radford, *Syntactic Theory and the Acquisition of English Syntax*, S. 277ff.

brauch gemacht wird, beginnt das Kind mit der Konstruktion von lexikalischen Projektionen, also von Phrasen, die von einem lexikalischen Kopf projiziert werden. Nachdem es lexikalische Projektionen beherrscht, beginnt das Kind mit der Konstruktion funktionaler Projektionen, und im Alter von etwa 30 Monaten ist es in der Lage, Sätze zu produzieren, die den von Erwachsenen verwendeten entsprechen. Jede der Entwicklungsphasen baut auf der vorhergehenden auf.[10]

10 Als vertiefende und weiterführende Literatur zum Erstspracherwerb sind besonders zu empfehlen: Goodluck, Kap. 2 und 4; O'Grady/Dobrovolsky/Aronoff, Kap. 12 sowie Radford, *Syntactic Theory and the Acquisition of English Syntax,* Kap. 9.

9
KAPITEL

Regionale und soziale Aspekte der englischen Sprache: Grundlagen der Dialektologie und Soziolinguistik

I don't drink coffee I take tea my dear
I like my toast done on the side
And you can hear it in my accent when I talk
I'm an Englishman in New York.

STING, »*Englishman in New York*«

1 Stilistische Variation

Begriff

Bei einer Auseinandersetzung mit dem Phänomen Sprache fällt bald auf, dass zwei Sprecher ihre Muttersprache nie in exakt derselben Weise sprechen. Darüber hinaus zeigt selbst der einzelne Sprecher in seinem Sprachverhalten gewisse Variationen, die von der Situation des Sprechers abhängen und als **stilistische Variation** *(stylistic variation)*, als Anpassung des Sprechers an die Gesprächssituation, aufgefasst werden können. Martin Joos stellt in seiner Auseinandersetzung mit stilistischer Variation fest: „*A community has a complex structure, with variously differing needs and occasions. How could it scrape along with only one pattern of English usage?*"[1]

Beispiele

Daher könnte z. B. ein und derselbe Sprecher entweder sagen

We should probably be leaving now.

oder

Let's get out of here.

Welche dieser beiden Formulierungen der Sprecher im Einzelfall wählt, hängt sowohl von der Rolle und dem Status des Gesprächspartners ab als auch von dem Maß an Ungeduld, das der Sprecher zum Ausdruck bringen möchte. Ein Gesprächspartner könnte

I'm almost ready.

oder aber

Keep your shirt on.

erwidern und damit ebenfalls verschiedene stilistische Varianten wählen. Stilistische Variation kann sich auch in der Aussprache

1 Joos, S. 5

niederschlagen: Der erste Sprecher könnte die *ts* zwischen Vokalen stimmhaft aussprechen und *of* zu [ə] reduzieren

[lets ge daʊdə hɪə(r)]

Der Gesprächspartner könnte entgegnen:

[ki:p jə(r) ʃɜ:(r)d ɒn]

2 Dialekte

Dialekt

Jeder Muttersprachler zeigt in seinem sprachlichen Verhalten eine Anpassung an die Gesprächssituation wie die oben beschriebene. Darüber hinaus lassen sich aber auch sprachliche Variationen zwischen individuellen Sprechern ausmachen, die nicht stilistisch, sondern durch die regionale Herkunft oder den sozialen oder bildungsmäßigen Hintergrund der Sprecher bedingt sind.[2] In diesem Fall geht es um solche sprachlichen Merkmale, die den **Dialekt** *(dialect)* eines Sprechers ausmachen. Es ist z. B. sehr leicht möglich, zu erkennen, ob ein englischer Muttersprachler Engländer, Amerikaner oder Schotte ist. Mit einem gewissen Maß an Erfahrung wird man darüber hinaus auch feststellen können, ob er aus London, Chicago oder Glasgow stammt.

Vokabular

Dialektale Unterschiede lassen sich u.a. am Vokabular festmachen. So entspricht dem britischen *lorry* „Lastwagen“ das amerikanische *truck*; während in den USA das Erdgeschoss als *first floor* bezeichnet wird, heißt diese Etage im britischen Englisch *ground floor*. Höher gelegene Stockwerke können in England mit einem *lift* „Aufzug“ erreicht werden, in den USA dagegen mit einem *elevator*.

Grammatik

Dialekte unterscheiden sich auch hinsichtlich grammatischer Konstruktionen. So ist im britischen Englisch die Konstruktion *different to* üblich, im amerikanischen Englisch dagegen *different than*, obwohl die Grammatiken in beiden Regionen die Konstruktion *different from* vorschreiben.

Phonetische Realisierung

Diejenigen regionalen Unterschiede, die in der Regel am auffälligsten sind, sind Ausspracheunterschiede. Die für Sprecher aus einer Region charakteristischen Aussprachemerkmale machen den regionalen **Akzent** *(accent)* aus. Regionale Unterschiede in der Aussprache werden von anderen Sprechern oft selbst dann bemerkt, wenn sie relativ gering ausfallen. Sprecher aus dem oberen Mittleren Westen der USA sowie Kanadier aus der angrenzenden Provinz Ontario sprechen z. B. sehr ähnliche Dialekte des Englischen. Dennoch können Kanadier meist aufgrund ihrer Tendenz zum **Zentralisieren** *(centralization)* der Diphthonge /aɪ/ und

/aʊ/ vor stimmlosen Konsonanten, ihrer Tendenz also, den Diphthong in der Nähe des [ə] zu beginnen, identifiziert werden. Daher finden sich bei ihnen

wife [wəɪf], aber wives [waɪvz]
house [həʊs], aber houses [haʊzɪz]

Dieses Aussprachemerkmal lässt sich bei der Mehrzahl der Sprecher aus dem oberen Mittleren Westen nicht feststellen.

RP/GA

Die Unterschiede in der Aussprache englischer Muttersprachler können aber auch umfassender sein als dies in dem obigen Beispiel der Fall ist. Sie können sich über Unterschiede in der phonetischen Realisierung hinaus auch auf Unterschiede hinsichtlich der von Sprechern verwendeten Phonemkontraste sowie auf die Verwendung bestimmter Phoneme in einander entsprechenden Wörtern erstrecken. Dies illustriert ein Vergleich des Vokalsystems der standardisierten britischen Aussprache, der *Received Pronunciation* oder *RP*, mit dem Vokalsystem, das von einem hohen Prozentsatz von Sprechern in den USA verwendet wird, von Sprechern der als *General American (GA)* bezeichneten Aussprachevariante. Die folgende Übersicht zeigt die grundlegenden Vokalkontraste dieser beiden Aussprachen des Englischen anhand von Beispielwörtern, die erkennen lassen, wo die einzelnen Vokale vorkommen können:[3]

	RP			GA
beat	/iː/ - /ɪ/	bit		/iː/ - /ɪ/
bait	/eɪ/ - /e/	bet		/eɪ/ - /e/
psalm	/ɑː/ - /æ/	Sam	psalm, cot	/ɑ/ - /æ/
pool	/uː/ - /ʊ/	pull		/uː/ - /ʊ/
boat	/əʊ/ - /ʌ/	butt		/oʊ/ - /ʌ/
caught	/ɔː/ - /ɒ/	cough,	caught, cough	/ɔ/
bite	/aɪ/			/aɪ/
bout	/aʊ/			/aʊ/
boy	/ɔɪ/			/ɔɪ/

In dieser Übersicht werden leichte Variationen in der Realisierung einzelner Phoneme deutlich: Während RP eine Zentralisierung des Anfangs des Diphthongs in *boat* aufweist, fehlt diese in GA; ferner treten Unterschiede in der Realisierung der Vokallänge in *caught* und *psalm* auf. Der Kontrast zwischen /ɔː/ und /ɒ/ in RP

2 Vgl. zur folgenden Darstellung einiger Grundlagen der Dialektologie und Soziolinguistik vor allem Trudgill, *On Dialect* und Labov, *Sociolinguistic Patterns.*

3 Vgl. zur Gegenüberstellung der phonologischen Systeme der *Received Pronunciation* und des *General American* Giegerich.

fehlt in GA, das kein Phonem /ɒ/ besitzt und in dem /ɔ/ nicht lang gesprochen wird. Ein Vergleich der Beispielwörter zeigt, dass einige Wörter, die in RP ein /ɒ/ aufweisen, in GA ein /ɔ/ besitzen, andere hingegen (die Mehrzahl) werden in GA mit einem /ɑ/ gesprochen, wie z. B. *cot* /kɑt/. In der Aussprache vieler Sprecher aus dem amerikanischen Westen ist außerdem kein Kontrast zwischen den Vokalen in *caught* und *cot* zu finden: Beide Wörter werden mit /ɑ/ ausgesprochen. Der Diphthong in *boy* wird in diesen Dialekten als /oɪ/ realisiert, so dass das Vokalsystem des Amerikanischen Englisch, das im Westen gesprochen wird, folgendermaßen aussieht:

/i:/ - /ɪ/
/eɪ/ - /e/
/ɑ/ - /æ/
/u:/ - /ʊ/
/oʊ/ - /ʌ/
/ɑɪ/
/ɑʊ/
/oɪ/

Kommunikationshindernisse

Ebenso wie Unterschiede im Wortschatz oder der Grammatik können derartige Ausspracheunterschiede zu Kommunikationshindernissen zwischen Sprechern verschiedener Dialekte werden. Dies illustriert die folgende Anekdote, in der der amerikanische Sprachwissenschaftler Leonard Bloomfield von einem Erlebnis mit einem Londoner Taxifahrer berichtet:

The vowel of words like fob, bomb, hot is in American English much closer than in British English to the vowel of words like far, balm, pa; in some kinds of American English the two sets of words have in fact the same vowel. The Englishman of the south, moreover, has lost the r-sound in words like far. A London cabman did not understand me when I asked to be driven to the Comedy Theatre: I had forgotten myself and spoken the American form of the first vowel in comedy, and this the Englishman could take only as a representative of the vowel phoneme in a word like car – so that I was really asking for a Carmody Theatre, which does not exist.[4]

Sprecher verschiedener Dialekte können sich aber an die Aussprache des jeweils anderen rasch gewöhnen. Ebenso finden sie auch meist recht bald heraus, was der andere z. B. mit *first floor* meint. Allerdings können sprachliche Unterschiede wie die oben beschriebenen – in Abhängigkeit von Ausmaß und Umfang der dialektalen Unterschiede und dem Grad, in dem ein Individuum bereits Erfahrungen mit den Dialekten anderer Sprecher gesammelt hat – größeren oder geringeren Einfluss auf die Verständigung haben.

3 Dialektgeographie

Konsens

Die Sprache verschiedener Sprecher ist umso ähnlicher, je mehr die jeweiligen Sprecher interagieren. Liegt ein hohes Maß an Interaktion vor, dann gehören die Sprecher derselben Sprachgemeinschaft an. Der Variabilität, die der Sprache jedes Sprechers zu eigen ist, werden durch etwas Grenzen gesetzt, das Edward Sapir als „tacitly directing norm“ bezeichnet hat: *„What keeps the individual's variations from rising to dialectic importance [...] is chiefly that they are silently 'corrected' or canceled by the consensus of usage.“*[5] Solch ein Konsens ist auch der Grund dafür, dass die Verteilung sprachlicher Gemeinsamkeiten dazu tendiert, mit der geographischen Verteilung der Sprecher zu korrelieren: Sprecher, die räumlich nah zusammen leben, weisen meist ähnliche sprachliche Merkmale auf.

Dialektgeographie

Derartige geographisch bestimmbare sprachliche Gemeinsamkeiten lassen sich mithilfe von Karten erfassen, die die **Dialektgeographie** *(dialect geography)* einer Sprache darstellen. Aus der folgenden Karte wird die Verteilung der Ausspracheunterschiede hinsichtlich der Realisierung des Vokals in Wörtern wie *stubble, dust* und *hub* ersichtlich:[6]

/ʊ/, /ʌ/

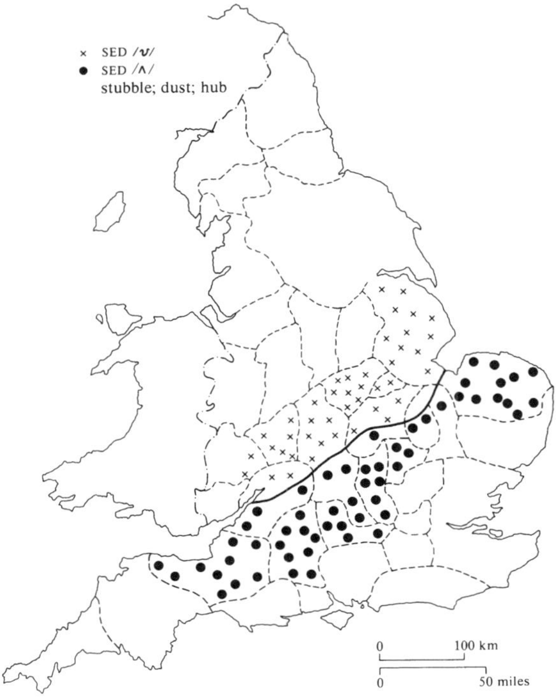

4 Bloomfield, S. 81
5 Sapir, S. 148
6 Trudgill, *On Dialect*, S. 84

Wie die Karte, die die Ergebnisse des *Survey of English Dialects (SED)* reflektiert, zeigt, ist die Aussprache mit /ʊ/ charakteristisch für nordenglische Dialekte, während es sich bei der Aussprache mit /ʌ/ um ein Merkmal der südenglischen Dialekte handelt. Zwischen den beiden Gruppen von Sprechern lässt sich auf der Karte eine künstliche Trennlinie einzeichnen, die als **Isoglosse** *(isogloss)* bezeichnet wird. Es lässt sich also feststellen, dass ein Sprecher aus einer Gegend nördlich der Isoglosse kommt, wenn er *hub* als /hʊb/ spricht.

greasy

Eine Isoglosse für das amerikanische Englisch, die *greasy/greazy*-Linie, die nördliche von südlichen Dialekten trennt, zeigt die folgende Karte:[7]

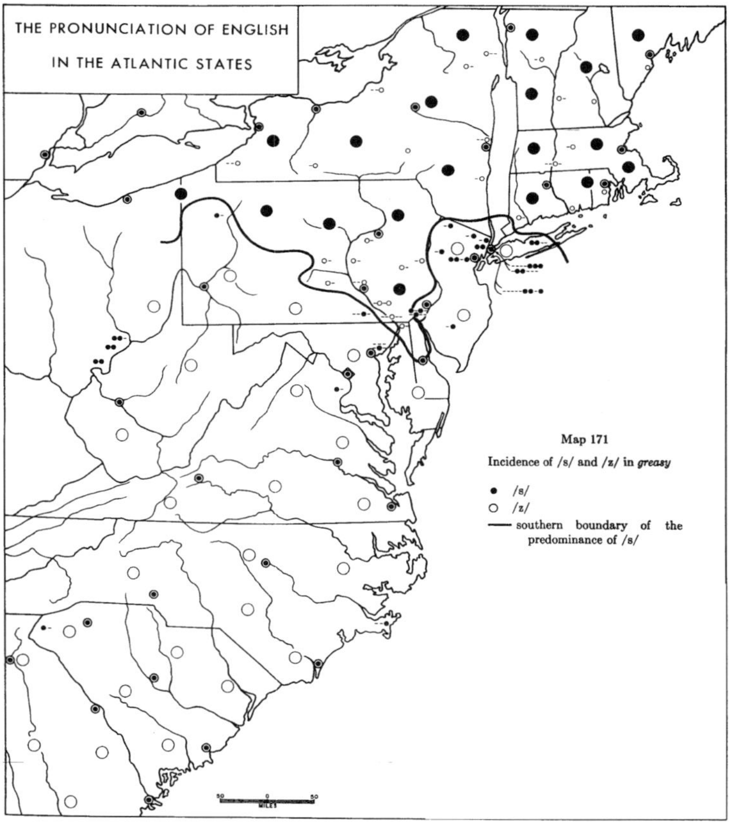

Die obige Karte, die auf den Ergebnissen des *Linguistic Atlas of the Eastern United States* basiert, zeigt lediglich die Isoglosse für das Adjektiv. In den nördlichen Dialekten wird das Adjektiv *greasy* „schmierig" mit /s/ gesprochen – ebenso wie Verb und Nomen *grease* „schmieren", „Schmierstoff". In den südlicheren Dialekten dagegen wird in der Regel das Nomen mit /s/, Verb und Adjektiv aber mit /z/ gesprochen.

pail/bucket

Karten wie diese können verwendet werden, um die Verteilung eines jeden einzelnen sprachlichen Merkmals, das geographisch variiert, zu zeigen. Die folgende Karte stellt die geographische Verteilung hinsichtlich einer Variation im Vokabular dar. Aus der Karte wird ersichtlich, in welchen Gebieten im Osten der USA *pail* „Eimer" und in welchen zur Bezeichnung desselben Gegenstandes das Wort *bucket* verwendet wird: *Pail* ist charakteristisch für Sprecher aus dem Norden, *bucket* für Sprecher aus dem Süden.[8]

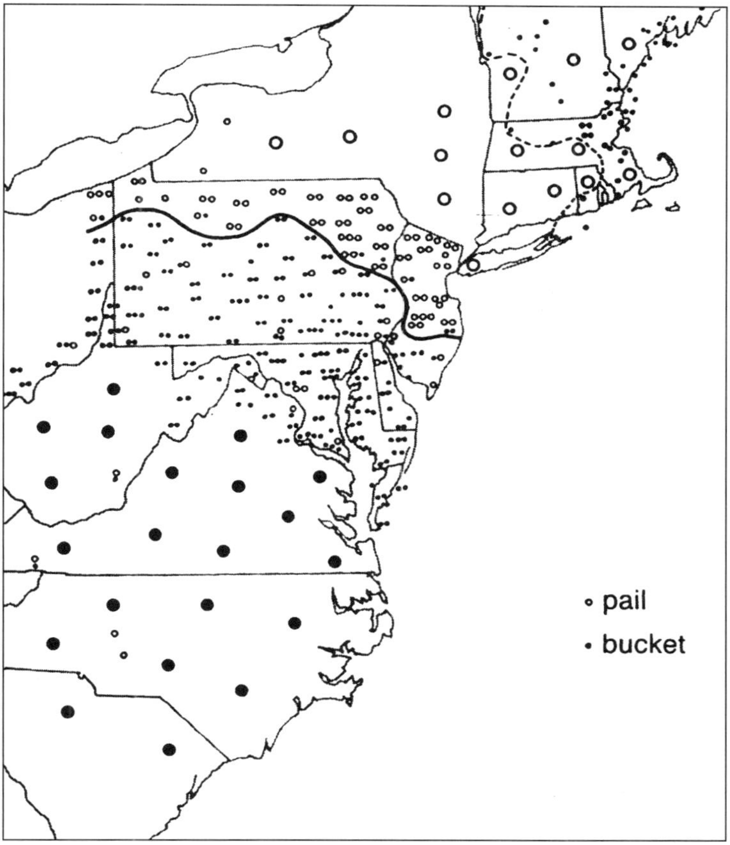

7 Kurath/McDavid, Karte 171

8 Carver, S. 11, der die Karte von Kurath, Karte 66 adaptiert hat.

4 Soziale Variation und Standardsprache

Soziolekt

Um sprachliche Variation beschreiben und verstehen zu können, ist es notwendig, über die Dialektgeographie hinauszugehen, da sprachliche Variation nicht allein von der Region, in der der Sprecher lebt, abhängt. Von Bedeutung sind für sprachliche Variation vielmehr auch solche Einflussfaktoren wie der soziale Hintergrund und die Schulbildung des Sprechers. Dies hat zur Folge, dass sich auch Sprachvarianten von Sprechern aus derselben Region auf signifikante Weise voneinander unterscheiden können. Wenn man die von einem Sprecher verwendete **Varietät** *(variety)* dahingehend betrachtet, was sie über den sozialen Hintergrund und die Schulbildung des Sprechers aussagt, dann spricht man vom **Soziolekt** *(sociolect)* des Sprechers.

Standardsprache

Die Sprecher in einer Region können also verschiedene Soziolekte sprechen. Einer dieser Soziolekte wird normalerweise als **Standardsprache** *(standard)* betrachtet. Diese Standardsprache weist überregionale Ähnlichkeiten auf. Die Ähnlichkeiten finden sich vor allem in der Grammatik und im Wortschatz, also in den Bereichen, die durch Grammatiken und Wörterbücher normiert werden. Bei der Standardsprache handelt es sich um jenen Soziolekt, der auch als Schriftsprache Verwendung findet. Peter Trudgill betont die Einheitlichkeit dieser Sprache sowie den Zusammenhang zwischen Standardsprache und Schriftsprache:

Speakers who would generally be regarded as "educated" typically speak the dialect that is widely known as Standard English. This is the dialect that is normally used in the writing of English throughout the English-speaking world. It is possible to regard this form of English as a single dialect even though it is subject to a certain amount of regional differentiation.[9]

Varietäten, deren Grammatik und Wortschatz von der Standardsprache abweichen, werden als Nicht-Standardsprachen betrachtet. Was in einer Sprachgemeinschaft als Standardsprache gilt, variiert aber deutlich hinsichtlich der Aussprache. So spricht auch ein Sprecher der Standardsprache z. B. mit amerikanischem oder britischem Akzent. Auf regionaler Ebene werden jedoch nur bestimmte Aussprachen als Standardakzent angesehen. Dabei handelt es sich um jene Aussprachevarianten, die mit Sprechern, die einen relativ hohen sozialen Status genießen, in Verbindung gebracht werden.

5 Prestige und die Einstellung der Sprecher

Prestige

Die Standardvarianten genießen als Soziolekte Prestige in den Sprachgemeinschaften, in denen sie verwendet werden. Dies erklärt die auch bei Sprechern der nicht als Standard angesehenen Varietäten oft anzutreffende Tendenz, eine bestimmte Verwendung der Sprache für korrekt zu halten. Die Tatsache, dass trotz solcher Annahmen keine Sprachvarietät besser oder schlechter ist als eine andere, sondern nur durch Einstellungen der Sprecher dazu gemacht wird, verdeutlicht eine Beschäftigung mit Aussprachemerkmalen, denen teils Prestige zugesprochen wird und teils nicht.

Aussprache des /r/

Dies trifft z. B. für die Aussprache des Phonems /r/ zu: In den „rhotischen" Dialekten des Englischen wird /r/ in allen Stellungen gesprochen. In den „r-losen" Dialekten dagegen wird das /r/ lediglich vor Vokalen als [r] realisiert, vor Konsonanten oder am Wortende hingegen als [ə] oder als Länge des vorangehenden Vokals: *bear* wird hier zu [beə] und *park* zu [pɑ:k]. „R-Losigkeit" ist ein Merkmal, das sowohl für die britische Standardaussprache als auch für die regionale Aussprache in Städten wie London und Liverpool charakteristisch ist. Dasselbe Merkmal ist zudem in den meisten Dialekten der amerikanischen Ostküste anzutreffen, die sich anhand dieses Merkmals von den weiter im Landesinneren zu findenden Dialekten unterscheiden lassen. Die betreffende Isoglosse verläuft von New Brunswick in Kanada nach Florida und weiter entlang der Küste des Golfs von Mexiko. In den Gebieten, die sich historisch durch „r-Losigkeit" auszeichnen, ist dieses Merkmal typischerweise ein Merkmal der Aussprache mit dem höchsten Prestige. Die Stadt New York allerdings liegt zwar in einer historisch r-losen Region, doch von dem amerikanischen Linguisten William Labov durchgeführte Studien haben gezeigt, dass die Artikulation des /r/ hier ein Prestigemerkmal geworden ist. Sprecher aller sozialen Schichten in New York City wechseln z. B. zwischen der Aussprache von *car* als [kɑ:] und als [kar], aber die Tendenz zur Aussprache mit [r] ist umso stärker, je höher der sozioökonomische Status des Sprechers ist und je jünger der Sprecher ist. Die Tatsache, dass sich das [r] vor allem bei jüngeren Sprechern findet, signalisiert zudem die Richtung der sprachlichen Entwicklung.

Zentralisierung

Eine weitere Untersuchung Labovs, in der es um die Sprache auf Martha's Vineyard, einer Insel vor der Küste von Massachusetts, geht, zeigt, dass das Prestige, das die sprachliche Orientierung beeinflusst, auch nicht notwendig mit der Sprache von Sprechern

9 Trudgill, *On Dialect,* S. 186

der regionalen Standardvarietät assoziiert werden muss. In dieser Studie stellt Labov eine zunehmende Tendenz zur Zentralisierung des ersten Vokals in den Diphthongen /aɪ/ und /aʊ/ zu [əɪ] und [əʊ] unter jüngeren Sprechern auf der Insel fest. Dies führt zu Aussprachevarianten, die denen, die weiter oben für kanadisches Englisch beschrieben wurden, ähnlich sind, allerdings ohne die Beschränkung der Zentralisierung auf die Stellung vor stimmlosen Konsonanten. Die regionale Standardvarietät zeigt keine derartige Zentralisierung. Labov nimmt an, dass diese Zentralisierung Kennzeichen der Identität der Sprecher von der Insel und Ausdruck ihres Zugehörigkeitsgefühls zu der Gemeinschaft auf der Insel geworden ist. Für die Inselbewohner bedeutet Prestige also, anders zu sprechen als die Leute, die nicht von der Insel stammen.

6 Die Entwicklung von Dialekten

Individuelle Neuerungen

Dialektale Unterschiede bilden sich heraus, wenn in einer Sprachgemeinschaft ein Wandel in der Realisierung sprachlicher Normen einsetzt. Neuerungen müssen letztlich immer in der Sprache des einzelnen Sprechers ihren Ursprung haben, müssen aber dann von anderen Sprechern übernommen werden, sollen sie nicht individuelle Besonderheiten bleiben. In dem Maße, in dem sprachliche Veränderungen in die Sprache anderer Sprecher gelangen, werden die zunächst individuellen Neuerungen zu Dialektmerkmalen, die die Sprache einer Gruppe von Sprechern von anderen unterscheidet.

Verbreitung von Normen

Es ist zumindest schwierig, wenn nicht sogar unmöglich, zu ergründen, weshalb es zu Abweichungen von einer sprachlichen Norm kommt. Edward Sapir hat in diesem Zusammenhang vermutet, dass sich dieses Phänomen auf die Unfähigkeit von Sprechern, ein abstraktes Muster konsequent zu verwirklichen, zurückführen lasse. Dies lässt aber noch offen, weshalb solche Innovationen als Normen auch in die Sprache anderer Sprecher Eingang finden. Die ausgewählten Normen scheinen vor allem die Einstellung des Sprechers zu der Sprachgemeinschaft, zu der er gehört oder gehören möchte, zu reflektieren. Das bedeutet, dass die Sprache, die von einem Sprecher verwendet wird, das Resultat seiner Akkulturation in einer Sprachgemeinschaft sowie bewusst oder unbewusst getroffener Entscheidungen ist, die zum Erwerb einer für die Sprachgemeinschaft repräsentativen Sprachvarietät führen. Man könnte annehmen, dass Sprecher sich im Normalfall am Standard orientieren. Wenn dies allerdings generell der Fall wäre, dann würde dialektale Variation in Richtung der Standardsprache korrigiert. Trotz der Tatsache, dass Sprecher in den

Medien mit der Standardsprache konfrontiert werden, scheint aber keine sprachliche Nivellierung zugunsten der Standardsprache im Gange zu sein. Die Sprache, die man spricht, bildet einen wichtigen Aspekt der Identität, und es scheint, dass zwar einige Sprecher wie der Nachrichtensprecher im Fernsehen klingen möchten, andere jedoch durch ihre Sprache als Mitglieder einer regionalen oder sozialen Gruppe erkennbar sein wollen.

7 Zusammenfassung

In diesem Kapitel stand sprachliche Variation im Mittelpunkt. Zunächst wurde die Möglichkeit stilistischer Variation angesprochen, eine situationsabhängige Variationsmöglichkeit, von der jeder Sprecher Gebrauch macht. Davon wurde die dialektale Variation abgesetzt. Es wurde erläutert, dass sprachliche Merkmale die Herkunft eines Sprechers zu erkennen geben können. Sodann wurden die Vokalsysteme von zwei Varietäten des Englischen – der britischen Standardaussprache (RP) und des *General American* (GA) – gegenübergestellt, um zu zeigen, wie die Aussprache in zwei wichtigen Dialekten des Englischen sich unterscheidet. Anschließend wurde die Dialektgeographie eingeführt, und es wurde illustriert, wie die geographische Verteilung sprachlicher Merkmale mithilfe von Isoglossen auf Karten dargestellt werden kann. Dann wurde gezeigt, dass sprachliche Variation nicht nur mit regionalen, sondern auch mit sozialen Faktoren zusammenhängen kann. In diesem Kontext wurde die Frage der Standardsprache erörtert und die Beobachtung gemacht, dass Sprachvarianten unterschiedliches Prestige genießen können, das mit dem sozialen Prestige der Sprecher zusammenhängt, und dass eine bestimmte Verwendung der Sprache in der Gemeinschaft für korrekt gehalten wird. Weiterhin wurde erläutert, dass sich Dialekte aufgrund der von den Sprechern eingebrachten Innovationen, die dann von anderen Sprechern übernommen werden, entwickeln. Die Übernahme von sprachlichen Merkmalen durch andere Sprecher reflektiert soziale Interaktion und die Einstellung der Sprecher gegenüber denen, deren Sprache diese Merkmale aufweist.[10]

10 Als vertiefende und weiterführende Literatur zu stilistischen, regionalen und sozialen Aspekten der englischen Sprache sind besonders zu empfehlen: Görlach, „Varietas Delectat"; Joos; McMahon, Kap. 9 sowie Trudgill, *Sociolinguistics*.

10 KAPITEL Die englische Sprache in historischer Sicht: Grundlagen der historischen Sprachwissenschaft

Ye knowe ek that in forme of speche is chaunge
Withinne a thousand yeer, and wordes tho
That hadden pris, now wonder nyce and straunge
Us thinketh hem, and yet thei spake hem so,
And spedde as wel in love as men now do

CHAUCER, »*Troilus*«

1 Variabilität und Flexibilität der Sprache

Variabilität

Der Sprachgebrauch von Sprechern zu verschiedenen historischen Zeitpunkten zeigt systematische Unterschiede, die tendenziell umso ausgeprägter sind, je größer die zeitliche Distanz zwischen den Betrachtungszeitpunkten ist.[1] Der Sprecher ist sich der historischen Dimension einer Sprache nicht bewusst. Doch selbst einige sprachliche Phänomene, die sich in der Gegenwart bemerkbar machen, verweisen schon auf die Sprache als Produkt einer historischen Entwicklung. So zeigen dialektale Unterschiede oder auch die Tatsache, dass zwei Sprecher nie exakt die gleiche Sprache sprechen, die in jeder Sprache zu findende Variabilität und Flexibilität. Dies hat insofern sprachgeschichtliche Implikationen, als Variabilität und Flexibilität die Basis für die Veränderung sprachlicher Normen im Verlauf der Zeit bilden.

Realisierung des *r*

Im heutigen Englisch lassen sich diverse regelmäßige Unterschiede im Sprachgebrauch verschiedener Sprecher feststellen. Wie im vorhergehenden Kapitel bereits erläutert wurde, werden z. B. einige Sprecher das *r* in dem folgenden Satz durchgängig als [r] artikulieren:

The ca*r* was pa*r*ked in the d*r*ive.

Andere Sprecher, nämlich jene, die einen „r-losen" Dialekt sprechen, werden dagegen das *r* in *car* und *parked* nur als Verlängerung des Vokals – also als [ɑ:] – realisieren. Derartige Ausspracheunterschiede werden mit dialektalen Unterschieden assoziiert: R-lose Dialekte sind charakteristisch für Sprecher aus dem Süden Großbritanniens, für Dialekte der amerikanischen Ostküste und auch für Sprecher aus Australien, Neuseeland und Südafrika.

Historische Dimension

Was auf den ersten Blick hingegen nicht offensichtlich ist, ist die historische Dimension dieses Phänomens: Im Laufe der Zeit begannen Sprecher in zunehmendem Maße, die Aussprache des /r/ zu verändern, und die Existenz der heutigen dialektalen Aussprachevarianten ist eine Auswirkung der historischen Tendenz von Sprechern in einer bestimmten Region, /r/ nur vor einem Folgevokal als [r] beizubehalten. Das Resultat dieser sprachhistorischen Entwicklung ist ein Merkmal, das gegenwärtig existierende Dialekte in verschiedenen Teilen der englischsprachigen Welt unterscheidet, da die gewandelte Aussprache nicht von allen Sprechern des Englischen übernommen wurde. Die aktuelle dialektale Distribution der Aussprachevarianten lässt sich also als Ergebnis einer historischen Veränderung in der Realisierung des /r/ auffassen:

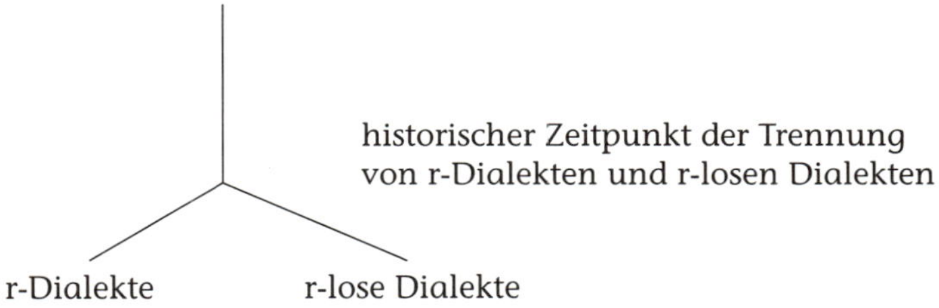

2 Die Perioden der englischen Sprachgeschichte

Textzeugnisse

Um beobachten und beschreiben zu können, wie das Englisch heutiger Sprecher variiert, können Äußerungen verschiedener Sprecher zu einem Vergleich herangezogen werden. Um jedoch Sprache im Zeitverlauf untersuchen zu können – für einen Vergleich von Dialekten aus sprachhistorischer Sicht also – ist es unerlässlich, sich mit Texten zu beschäftigen, die frühere Sprachvarianten repräsentieren. Dabei wird ein Text so betrachtet, als ob er dem Englisch eines ausgewählten Sprechers in einer früheren sprachgeschichtlichen Epoche entspräche. Je weiter wir uns auf der Zeitachse zurückbewegen, desto mehr weicht der historische Dialekt von dem ab, was wir als heutiges Englisch erkennen würden. So hat Geoffrey Chaucer, der Autor der berühmten *Canterbury Tales*, der im 14. Jahrhundert (ca. 1340–1400) lebte, eine Varietät des Englischen verwendet, die sich sehr viel stärker vom modernen Englisch unterscheidet als etwa die Sprache William Shakespeares, der zwei Jahrhunderte später (1564–1616) lebte. Daher gilt auch, dass Texte dem heutigen Leser umso mehr Ver-

1 Die folgende Darstellung einiger Aspekte der historischen Sprachwissenschaft beruht vor allem auf Lehmann und Pyles/Algeo.

ständnisschwierigkeiten bereiten, je älter sie sind. Für das Englische existiert eine weit zurückreichende Tradition schriftlicher Überlieferung. Die Anfänge der schriftlichen Überlieferung englischer Texte liegen bereits über tausend Jahre zurück.

Periodisierung

Auf der Grundlage sprachlicher Charakteristika wird die historische Entwicklung der englischen Sprache in drei sprachgeschichtliche Epochen unterteilt. Diese bezeichnet man als Altenglisch (449–1100), Mittelenglisch (1100–1500) und Frühneuenglisch (1500–ca. 1650). Diese Periodisierung ist allerdings relativ willkürlich, da man natürlich nicht annehmen kann, dass es zu bestimmten Zeitpunkten zu klaren Brüchen zwischen dem Sprachgebrauch von Sprechern aufeinanderfolgender Generationen kam. Vielmehr muss man immer von einem hohen Maß an Kontinuität und einem allmählichen Wandel im Sprachgebrauch ausgehen.

Epochen

Das Jahr 449, das traditionell als Zeitpunkt der Ankunft der Angelsachsen in England gilt, wird als Anfangspunkt der ersten Periode der englischen Sprachgeschichte angesetzt, obwohl in Englisch verfasste Texte erst zwei Jahrhunderte später erstmals in Erscheinung traten. Mittelenglisch (Me.) unterscheidet sich sprachlich vom Altenglischen (Ae.) unter anderem durch die Reduktion der Nominalflexion auf die Markierung des Gegensatzes Singular/Plural (Genitiv) und durch die Etablierung der relativ festen Wortfolge Subjekt-Verb-Komplement. Frühneuenglisch (Fne.) zeigt in der Phonologie die Auswirkungen der weiter unten noch zu besprechenden Großen Vokalverschiebung (*Great Vowel Shift*) und unterscheidet sich deshalb in der Phonologie deutlich von den vorhergehenden Epochen. Eine weitere Neuerung der fne. Periode ist die Verwendung von *do* als Hilfsverb. Um 1700 ist das für die moderne englische Sprache (Ne.) charakteristische Flexionsmuster etabliert, und in Fragen und Verneinungen muss bereits in dieser Epoche immer ein Hilfsverb erscheinen.

Schriftsystem

Der fortwährende Wandel der historischen Dialekte kann als Ergebnis von Neuerungen und Veränderungen im Sprachgebrauch gesehen werden. Der Vergleich einer Reihe von historisch verwandten Texten ermöglicht einen Einblick in die Veränderungen, die im Verlauf der Sprachgeschichte im Lautsystem, im grammatischen System und im Wortschatz der Sprache erfolgt sind. Da als Belege für frühere Epochen ausschließlich Texte zur Verfügung stehen, stellt eine korrekte Interpretation der in den Texten verwendeten Schriftsysteme eine Grundvoraussetzung für die historische Sprachwissenschaft dar. Obwohl für die schriftliche Darstellung des Englischen seit ae. Zeit das lateinische Alphabet verwendet wird, ist bei der Interpretation eines alten Textes dennoch immer Vorsicht geboten, da dieselben Schriftzeichen in verschiedenen Perioden andere Lauteinheiten repräsentieren können. So entsprechen z. B. die Schreibweisen *ee* (in *see*) und *ea* (in *sea*) im heutigen Englisch beide dem Phonem /iː/, repräsentierten in der Zeit Shakespeares aber verschiedene Phoneme, nämlich /iː/ und /eː/.

3 Textbeispiele aus den Epochen der englischen Sprachgeschichte

Schreibkonventionen

Da es in jeder Epoche der englischen Sprachgeschichte Bibelübersetzungen gegeben hat, bieten sich Bibeltexte in besonderem Maße an, um sprachliche Veränderungen über längere Zeiträume hinweg zu zeigen. Der folgende kurze Textausschnitt aus dem Matthäusevangelium Kapitel 6, Verse 19–21, illustriert, wie sich die englische Sprache auf allen Ebenen im Laufe der Jahrhunderte verändert hat. Sowohl in dem me. als auch in dem fne. Textausschnitt dient das Symbol *u/v* zur Darstellung eines Konsonanten *(theeues)* und zur Repräsentation eines Vokals *(vp)*; dabei gilt, dass am Anfang von Wörtern *v* verwendet wird und sonst *u*. In dem me. Text repräsentiert das Symbol ʒ meistens das, was in der späteren Orthographie als *y* geschrieben wurde *(ʒou)*, und die ae. Symbole þ/ð entsprechen der Symbolkombination *th* im modernen Englisch. Lange Vokale werden in dem ae. Text in traditioneller Weise durch ein Makron gekennzeichnet (z. B. *ōm*, „Rost“).[2]

Textbeispiele

Neuenglisch (*New English Bible*, 1961)
19 Do not store up for yourselves treasure on earth, where it grows rusty and moth-eaten, and thieves break in to steal it. 20 Store up treasure in heaven, where there is no moth and no rust to spoil it, no thieves to break in and steal. 21 For where your wealth is, there will your heart be also.

Frühneuenglisch (*King James Bible*, 1611)
19 Lay not vp for your selues treasures vpon earth, where moth and rust doth corrupt, and where theeues breake thorow, and steale. 20 But lay vp for your selues treasures in heauen, where neither moth nor rust doth corrupt, & where theeues doe not breake thorow, nor steale. 21 For where your treasure is, there will your heart be also.

Mittelenglisch (spätes 14. Jh.)
19 Nile ʒe tresoure to ʒou tresouris in erthe, where ruste and mouʒte destrieth, and where theues deluen out and stelen; 20 but gadere to ʒou tresouris in heuene, where nether ruste ne mouʒte

2 Die folgenden Textbeispiele stammen aus Rigg, S. 80–83.

distrieth, and where theues deluen not out, ne stelen. 21 For where thi tresoure is, there also thin herte is.

Altenglisch (ca. 1000)
19 Nellen gē goldhordian ēow goldhordas on eorþan, þær ōm and moððe hit fornimð, and þǣr ðēofas hit delfað and forstelaþ. 20 Goldhordiað ēow sōþlīce goldhordas on heofenan, þǣr nāðor ōm nē moþðe hit ne fornimð, and ðār þēofas hit ne delfað nē ne forstelaþ; 21 witodlīce þǣr ðīn goldhord is, þǣr is ðīn heorte.

4 Lautwandel

Kurzvokale

In der sprachgeschichtlichen Entwicklung des Englischen lassen sich Veränderungen in der Aussprache beobachten, die man meist als regelmäßige Entsprechungen zwischen der Aussprache aufeinanderfolgender Zeitabschnitte beschreiben kann. Zur Zeit Chaucers wies das phonemische System fünf kurze und sieben lange Vokale auf. Wäre es heute möglich, das Englisch zu hören, das in London zur Zeit Chaucers gesprochen wurde, wäre die Aussprache solcher Wörter, die me. Kurzvokale aufwiesen, der Aussprache der entsprechenden Formen im Ne. sehr ähnlich:

me. ship	ne. ship	me. bush	ne. bush
me. set	ne. set	me. lock	ne. lock
me. bak	ne. back		

Langvokale

Die Aussprache jener Wörter, die einen der sieben me. Langvokale enthielten, würde hingegen sehr deutlich von der heutigen Aussprache der entsprechenden Wörter abweichen; die Unterschiede in der Aussprache me. und ne. Langvokale sind dabei jedoch keineswegs willkürlich, sondern vielmehr systematischer Art, wie die folgende Übersicht zeigt:

me.	ne.	me.	ne.
wyf /wi:f/	wife /waɪf/	hous /hu:s/	house /haʊs/
see /se:/	see /si:/	to /to:/	too /tu:/
see /sæ:/	sea /si:/	hoom /hɔ:m/	home /həʊm/
name /na:m/	name/neɪm/		

Große Vokalverschiebung

Diese Diskrepanz zwischen der Aussprache der me. und ne. Formen beruht darauf, dass die me. Langvokale von der bereits erwähnten Großen Vokalverschiebung betroffen waren, in deren Verlauf sie zu einem Diphthong oder höheren Langvokal verschoben wurden. Die beiden me. hohen Vokale /i:/ und /u:/ entsprechen daher den ne. Diphthongen /aɪ/ und /aʊ/. Die Vokale /e:/ und /o:/ wurden zu /i:/ bzw. /u:/ angehoben. Die Vokale /æ:/ und /ɔ:/ wurden zunächst zu /e:/ und /o:/ angehoben. Das /e:/

wurde dann erneut angehoben, so dass es mit /iː/ zusammenfiel, und das /oː/ wurde zu /oʊ/ oder /əʊ/ diphthongiert. Der tiefe Vokal /aː/ wurde nach vorne verschoben und zu /eɪ/ diphthongiert. Diese Vokalverschiebung bildet die wichtigste Grundlage für die Unterscheidung der ne. Phonologie von der Phonologie der früheren Epochen der englischen Sprachgeschichte.

Phonemunterschiede

Wie das Beispiel der Großen Vokalverschiebung zeigt, kann sich im Verlauf der Zeit die Realisierung eines bestimmten Phonems verändern; wie die Entwicklung des me. Phonems /æː/ demonstriert, können Phonemunterschiede auch verschwinden. Da die me. Phoneme /eː/ und /æː/ im ne. /iː/ zusammengefallen sind, bilden *see* und *sea* im modernen Englisch Homophone. Neue Phoneme können aber auch entstehen, wenn sich neue phonologische Kontraste etablieren. Dies ist im Fall des me. /u/ geschehen, das im modernen Englisch nicht nur Entsprechungen mit /ʊ/ *(pull, bush)*, sondern auch mit /ʌ/ *(dull, rush)* aufweist.

5 Grammatischer Wandel

Nominalflexion

Auch die grammatischen Merkmale des Englischen haben sich im Laufe der Zeit erheblich verändert. Das Kopfnomen einer Nominalphrase besaß im Ae. nicht nur eine Numerusflexion (für Singular oder Plural) – wie dies noch im heutigen Englisch der Fall ist –, sondern war darüber hinaus auch für den **Kasus** *(case)* markiert. Differenziert wurde nach den folgenden vier Kasus: Nominativ *(nominative)*, Akkusativ *(accusative)*, Genitiv *(genitive)* und Dativ *(dative)*. Daher bestand die Möglichkeit, durch grammatische Endungen die grammatische Beziehung der Nominalphrase zum Verb anzugeben. Ein ae. Nomen wie *stān* „stone“ besaß das folgende Flexionsparadigma:

Singular	Plural	
stān	stānas	Nominativ/Akkusativ
stānes	stāna	Genitiv
stāne	stānum	Dativ

Adjektivflexion

Adjektive wurden im Ae. ebenfalls flektiert und waren kongruent mit dem Nomen. Wenn ein Artikel verwendet wurde, war dieser ebenfalls kongruent mit dem Nomen. Anstelle nur eines definiten Artikels wie im Ne. gab es für jeden Numerus und Kasus einen Artikel, wie die folgende Phrase „der harte Stein“ für den Singular illustriert:

sē hearda stān	Nominativ
þone heardan stān	Akkusativ
þǣs heardan stānes	Genitiv
þǣm heardan stāne	Dativ

Flexionsschwund

Im Verlauf der Zeit wurden die Kasusmarkierungen reduziert, zu einem großen Teil als Folge der Tendenz, unbetonte Vokale als Schwa zu realisieren und Nasallaute sowie Schwa in Flexionssilben zu tilgen. Schon in me. Zeit war die Nominalflexion deshalb auf die Opposition *stoon/stones* reduziert worden. Es gab nur noch die Möglichkeit von *-e* als Adjektivflexion, und es existierte nur noch ein (unveränderlicher) definiter Artikel *(the)*: *the harde stoon*.

Syntax

Diese sprachhistorischen Veränderungen des grammatischen Systems blieben nicht ohne Auswirkungen auf die Entwicklung der syntaktischen Strukturen. Durch den Schwund der Flexionsendungen nahmen die Möglichkeiten, die grammatische Beziehung von Nominalphrasen zu Verben mithilfe von Flexionsendungen anzugeben, ab. Dies hat die Entwicklung zu der für das Ne. charakteristischen festen Wortfolge Subjekt/Verb/Komplement begünstigt. Die grammatische Beziehung von Nominalphrasen zum Verb wird nun primär durch die Wortfolge angegeben. Im Ae. stand das Verb in abhängigen Sätzen meist am Ende; in Hauptsätzen dagegen erschien es in der Regel an zweiter Stelle. Das erste Element eines Satzes mußte dabei aber nicht notwendig das Subjekt sein, wie dies für das Ne. typisch ist. Daher findet man im Ae. neben Sätzen wie

Sē mann sægde þǣm cyninge þæt spell.
The man told the king the story.

auch Konstruktionen wie die folgenden:

þæt spell sægde sē mann þǣm cyninge.
The story told the man (to) the king.
þǣm cyninge sægde sē mann þæt spell.
(To) the king told the man the story.

In allen Sätzen wird die grammatische Beziehung der einzelnen Nominalphrase zum Verb durch die Flexionsendung signalisiert und bleibt deshalb auch bei einer Veränderung der Wortfolge konstant. Die Entscheidung, welche Nominalphrase dem Verb vorangestellt wurde, sofern vor dem Verb überhaupt eine Nominalphrase erschien, beruhte darauf, was den Ausgangspunkt – das Thema – des Satzes ausmachte.

Textbeispiel

In dem folgenden Textausschnitt werden die für das Ae. charakteristischen Satzmuster deutlich. So zeigt sich, dass Sequenzmarkierungen wie *þā* „then“ die Thema-Position vor dem Verb einnehmen können, aber adverbiale Bestimmungen wie *eft* „again“ und *hwaeðre* „but“ am Anfang des Satzes erscheinen können, ohne die Wortfolge zu beeinflussen. Der Abschnitt beschreibt, wie dem Dichter Caedmon in einem Traum seine dichterische Gabe zuteil wird: Ein Mann erscheint ihm und fordert ihn auf zu singen. Mit der Begründung, er könne nicht singen, weigert sich Caedmon zunächst, diesem Befehl Folge zu leisten, doch der Mann besteht auf seinem Befehl:[3]

Eft hē cwæð, sē ðe wið hine sprecende wæs:
Again he said, he who with him speaking was:

„Hwæðre þū mē āht singan.“ þā cwæð hē: „Hwæt
„But you (to) me must sing.“ Then said he: „What

sceal ic singan?“ Cwæð hē: „Sing mē frumsceaft.“
should I sing?“ (Then) said he: „Sing me (the) Creation.“

þā hē ðā þās andsware onfēng, þā ongon hē
When he then this answer received, then began he

sōna singan in herenesse Godes Scyppendes [...]
immediately (to) sing – in praise of God (the) Creator [...]

Im Me. ist durch den weitgehenden Schwund der Nominalflexion und die Verallgemeinerung des Artikels *the* die für das heutige Englisch charakteristische Wortfolge bereits im wesentlichen erreicht. Die flektierte Form folgt nun dem Subjekt in Haupt- wie Nebensätzen.

6 Bedeutungswandel

Bedeutung

Bei der Beschäftigung mit früheren Epochen des Englischen stellt man oft fest, dass ein Wort, das einem Wort des heutigen Englisch ähnlich zu sein scheint, nicht die Bedeutung besitzt, die man ausgehend von dem ähnlichen ne. Wort vermuten würde. So geht z. B. das Wort *knight* zwar auf das ae. *cniht* zurück, doch *cniht* bedeutete im Ae. nicht etwa „Ritter“, sondern „Junge“. Das ae. *cnafa* – ebenfalls mit der Bedeutung „Junge“ – ist im Ne. als *knave* „Schurke“ erhalten. Beide Seiten des sprachlichen Zeichens haben sich also in der sprachgeschichtlichen Entwicklung verändert: die lautliche Seite (ae. /knɪxt/, /knafa/, ne. /naɪt/, /neɪv/) ebenso wie die Bedeutungsseite. Die Etymologie, die sich mit dem Wandel von Bedeutungen beschäftigt, untersucht, auf welche Weise sich Zei-

3 Ae. Text aus Whitelock, S. 46.

chenbeziehungen in der Sprachgeschichte verändern. Die Bedeutungen, die mit Phonemsequenzen assoziiert werden, können weiter oder enger werden oder sich auch auf andere Art verändern.

bryd, foul, mete

Ein Vergleich des Bedeutungswandels der me. Wörter *bryd* und *foul* illustriert, wie Bedeutungen sich verschieben können. *Bryd* wurde im Me. zur Bezeichnung eines jungen Vogels verwendet, *foul* hingegen war der Begriff für die Gattung „Vogel". Im heutigen Englisch dagegen ist *bird (< bryd)* der allgemeinere Begriff, während *fowl (< foul)* nur domestizierte Vögel (Hühner, Enten usw.) bezeichnet, also dem deutschen Begriff „Geflügel" entspricht. Eine ähnliche Bedeutungseinengung hat auch *mete* erfahren, das früher „Nahrung" bedeutete, während *meat* „Fleisch" im Ne. nur noch einen Bestandteil der Nahrung bezeichnet.

Personalpronomina

Der Prozess der Bedeutungserweiterung und -einengung betrifft auch die Entwicklung der englischen Personalpronomina. Im Ne. findet sich lediglich eine Gruppe von Pronomina der Anrede: *you, you* und *your*. In früheren Sprachstufen existierten dagegen zwei unterschiedliche Paradigmen: eins, das bei der Anrede einer Person verwendet wurde *(thou, thee, thy)*, und eins, das bei der Anrede von zwei oder mehr Personen verwendet wurde *(ye, you, your)*. Dieser grammatische Unterschied zwischen *ye* und *you* (Nominativ vs. Akkusativ) wurde allmählich zum bloßen Unterschied in der Betonung, als *ye* sich zur unbetonten Variante von *you* entwickelte. Diese Situation illustriert der folgende fne. Textausschnitt, eine Passage aus Shakespeares *Henry IV, Part I*, ii, v, in der der Angeber Falstaff versucht, eine Ausrede dafür zu finden, dass er bei einer Konfrontation mit vermeintlichen Wegelagerern, bei denen es sich in Wirklichkeit um Prince Hal und Falstaffs Trinkkumpane handelte, weggelaufen ist:

By the Lord, I knew ye as well as he that made ye. Why, hear you, my masters. Was it for me to kill the heir-apparent? Should I turn upon the true prince? Why, thou knowest I am as valiant as Hercules; but beware instinct. The lion will not touch the true prince – instinct is a great matter. I was now a coward on instinct. I shall think the better of myself and thee during my life – I for a valiant lion, and thou for a true prince.[4]

Wenn Falstaff sich an die Gruppe wendet, verwendet er *ye/you*, wenn er Hal alleine anspricht dagegen *thou/thee*. Tritt es als Subjekt auf, erfordert *thou* stets ein Verb, das mit der Flexionsendung *-est* markiert ist, z. B. *knowest*. Zur Zeit Shakespeares hatte allerdings bereits ein Wandel eingesetzt, der zur Einführung von *ye/you* auch als Anredeform für solche Einzelpersonen, die von gleichem oder höherem sozialen Stand als der Sprecher waren, führte und *thou/thee* auf die Anrede anderer Einzelpersonen (Freunde, Kinder, Diener, Familienmitglieder, aber auch Gott) beschränkte. Die ursprüngliche Unterscheidung zwischen Einzahl und Mehrzahl wurde also zunächst durch ein deutlich komplexeres System ersetzt. Dieses berücksichtigte nicht nur die Anzahl der angeredeten Personen, sondern auch deren soziale Stellung. Schließlich wurde das *you* zur generalisierten Anredeform (für einen oder mehrere angeredete Personen), und die Formen *thou/thee* sowie die Endung *-est* wurden ungebräuchlich.

7 Entlehnungen

Begriff

Die Entwicklung einer Sprache kann auch durch den Kontakt mit anderen Sprachen beeinflusst werden. Besonders hinsichtlich des Wortschatzes kann ein Sprachkontakt Veränderungen mit sich bringen, denn er kann zur **Entlehnung** *(borrowing)* von Wörtern aus der Fremdsprache führen. Solche Entlehnungen sind für die gesamte sprachgeschichtliche Entwicklung des Englischen belegt. Den Entlehnungen aus dem Französischen und Lateinischen kommt dabei die größte Bedeutung für den englischen Wortschatz zu. Entlehnungen können ältere Wörter verdrängen, wie dies z. B. bei der französischen Form *uncle* der Fall war, die das ältere *eme* aus dem Englischen verdrängt hat. Lediglich in schottischen Dialekten ist die alte Form erhalten geblieben. Durch Entlehnungen können auch neue Bedeutungsunterscheidungen im Wortschatz verankert werden. So wurde das englische Wort *pig* für einen Teil des früheren Bedeutungsspektrums durch das französische Lehnwort *pork* ersetzt. Ähnliche Entlehnungen führten zur Etablierung der gegenwärtigen Unterscheidungen zwischen *calf* und *veal*, *sheep* und *mutton* sowie *cow* und *beef*. Dabei handelt es sich jeweils um eine Differenzierung zwischen dem (lebenden) Tier und dem Fleisch des jeweiligen Tieres.

Stilistische Differenzierung

Französische Lehnwörter haben auch zur Entstehung einer großen Zahl von kontextuell oder stilistisch differenzierten Synonymen im Englischen beigetragen. Auf die Existenz solcher Synonyme weist Touchstone in Shakespeares *As You Like It*, v,i hin, wenn er zu dem Bauern sagt:

> *Therefore, you clown, abandon – which is in the vulgar, leave – the society – which in the boorish is company – of this female – which in the common is woman; which together is, abandon the society of this female, or, clown, thou perishest; or, to thy better understanding, diest [...]*[5]

---

4 Shakespeare, William. *Henry IV, Part I*, ii, v. Zitiert nach Greenblatt, Stephen, Hrsg.: *The Norton Shakespeare*. New York, London: W.W. Norton 1997.

5 Shakespeare, William. *As You Like It*, v, i. Zitiert nach Greenblatt, Stephen, Hrsg.: *The Norton Shakespeare*. New York, London: W.W. Norton 1997.

In den Synonympaaren – *abandon/leave, society/company, female/woman, perish/die* – bildet jeweils das erste Wort, das aus dem Französischen stammt, die elegantere Ausdrucksweise – oder jedenfalls scheint Touchstone dies so zu sehen. Bei *company* handelt es sich allerdings auch um ein Lehnwort aus dem Französischen. Dies zeigt, dass Lehnwörter durchaus auch Teil der Alltagssprache gewesen sind.

8 Die Beziehung des Englischen zu verwandten Sprachen

Sprachenvergleich

Die Sprache, die als Ae. bezeichnet wird, gilt zwar als Anfangsstufe der englischen Sprachgeschichte, aber es liegt im Wesen der Sprache, dass sie keinen bestimmbaren Anfang hat, da die Entwicklung jeder Sprache unendlich weit zurück in die Vergangenheit reicht und wir nur durch das Fehlen schriftlicher Zeugnisse aus sehr frühen Entwicklungsphasen bei der Zurückverfolgung der Sprache eingeschränkt sind. Wir haben jedoch die Möglichkeit, auch zu Aussagen über solche Phasen in der Sprachgeschichte zu kommen, die nicht durch Textzeugnisse belegt sind, indem wir Sprachen, die mit dem Englischen verwandt sind, zu einem Vergleich heranziehen. Ein solcher Sprachenvergleich erlaubt Rückschlüsse darauf, wie eine Sprache vor dem Einsetzen der schriftlichen Überlieferung ausgesehen haben kann. So kann man annehmen, dass Sprachen miteinander verwandt sind, wenn sich systematische Entsprechungen zwischen ihnen feststellen lassen.

Germanische Sprachen

Für die germanischen Sprachen, die Gruppe moderner europäischer Sprachen, zu der neben Englisch und Deutsch auch Niederländisch und die skandinavischen Sprachen zählen, sind derartige sprachliche Entsprechungen ohne Schwierigkeiten ermittelbar. Die nachstehende Übersicht illustriert anhand der ersten fünf Zahlwörter die Ähnlichkeiten zwischen den germanischen Sprachen sowie die Unterschiede, die zwischen den germanischen Sprachen und zwei nicht-germanischen Sprachen, dem Türkischen und dem Japanischen, bestehen:[6]

Englisch	Deutsch	Niederl.	Dänisch	Türkisch	Japanisch
one	eins	een	en	bir	ichi
two	zwei	twee	to	iki	ni
three	drei	drie	tre	üç	san
four	vier	vier	fire	dört	shi
five	fünf	vijf	fem	beş	go

Die miteinander verwandten Sprachen weisen Ähnlichkeiten sowie systematische Unterschiede auf. So findet sich die Entsprechung des Anfangslautes im englischen *two* und im deutschen *zwei* in dem Kontrast von englisch *ten* und deutsch *zehn* wieder.

Rekonstruktion

Der Vergleich verwandter Sprachen liefert Hinweise darauf, wie die Sprache in einer früheren Entwicklungsphase ausgesehen haben muss. Solche Hinweise können genutzt werden, um die Sprache, auf die die verwandten Sprachen zurückgehen, zu rekonstruieren. Die rekonstruierte gemeinsame Vorform der germanischen Sprachen wird als **Proto-Germanisch** *(Proto-Germanic)* bezeichnet. Das Präfix *proto-* signalisiert, dass die Sprache lediglich durch **Rekonstruktion** *(reconstruction)* erschlossen wurde, also ausgehend von dem Vergleich späterer Sprachformen.

Proto-Indoeuropäisch

Es ist auch möglich, die germanischen Sprachen mit anderen europäischen und asiatischen Sprachen zu vergleichen und systematische Beziehungen zwischen diesen Sprachen zu ermitteln, wie im Folgenden wieder anhand von Zahlwörtern demonstriert wird:

Englisch	Latein	Griechisch	Russisch
two	duo	dúō	dva
three	trēs	treîs	tri

Die Entsprechung der Anfangslaute zwischen dem englischen *two* und den Formen in den anderen Sprachen wiederholt sich in den Entsprechungen zu *ten*:

Englisch	Latein	Griechisch	Russisch
ten	decem	déka	desjat'

Die oben erwähnten Sprachen werden zur Gruppe der indoeuropäischen Sprachen gezählt. Die auf der Basis eines Vergleichs dieser Sprachen rekonstruierte Sprache wird folglich als **Proto-Indoeuropäisch** *(Proto-Indoeuropean)* bezeichnet. Ausgehend von den Entsprechungen der verschiedenen indoeuropäischen Sprachen ist es möglich, für das Proto-Indoeuropäische Charakteristika des Lautsystems, der Grammatik, der Syntax und des Wortschatzes zu rekonstruieren. Es wird meist angenommen, dass Proto-Indoeuropäisch zumindest bis etwa 3000 v. Chr. zurück-

6 Die Liste der indoeuropäischen Zahlwörter ist aus Algeo übernommen.

reicht. Da sich für Sprachen aber kein Ursprung feststellen lässt, muss Proto-Indoeuropäisch wiederum als Endresultat einer langen sprachgeschichtlichen Entwicklung angesehen werden; die Entwicklung einer Sprache durch die Zeit dauert grundsätzlich so lange an, wie es noch Sprecher der Sprache gibt. Die meisten heute existierenden europäischen Sprachen sind das, was aus dem Indoeuropäischen geworden ist, als sich dessen Dialekte immer weiter voneinander entfernten. Englisch, Deutsch und Niederländisch, aber auch Französisch oder Russisch können somit aus sprachhistorischer Sicht als das Indoeuropäische unserer Zeit aufgefasst werden.

9 Zusammenfassung

Zu Beginn dieses Kapitels wurde gezeigt, wie die zeitliche Dimension mit der aktuellen Situation der Sprache in Zusammenhang steht, indem erläutert wurde, dass die gegenwärtigen dialektalen Unterschiede das Resultat von Neuerungen darstellen, die von Sprechern irgendwann in ihrem Sprachgebrauch eingeführt wurden. Anschließend wurden die verschiedenen Arten sprachlicher Veränderung betrachtet, die sich im Laufe der Zeit im Lautsystem, in der Grammatik, der Syntax und dem Wortschatz des Englischen vollzogen haben. Den Abschluss bildete ein Blick auf die Möglichkeiten, Charakteristika einer Sprache auch für diejenigen Zeitstufen zu bestimmen, aus denen die Sprache nicht schriftlich überliefert ist – mithilfe der Suche nach systematischen Beziehungen zwischen Sprachen, die eine Rekonstruktion früherer Sprachstufen auf der Basis eines Vergleichs verwandter Sprachen ermöglichen. Die Sprache, die wir als modernes Englisch bezeichnen, lässt sich zunächst auf Proto-Germanisch zurückführen und in einem weiteren Schritt auf das noch frühere Proto-Indoeuropäisch, eine Sprache, von der sich nicht nur Englisch, sondern auch die meisten anderen europäischen Sprachen herleiten.[7]

---

7 Als vertiefende und weiterführende Literatur zur historischen Sprachwissenschaft sind besonders zu empfehlen: Görlach, *The Linguistic History of English;* Görlach, *Introduction to Early Modern English;* Jespersen sowie O'Grady/Dobrovolsky/Aronoff, Kap. 8.

Literatur

Primärliteratur

AITCHISON, Jean: *Words in the Mind. An Introduction to the Mental Lexicon*. 2. veränd. Aufl. Oxford und New York: Blackwell 1987.

ALGEO, John: *Problems in the Origin and Development of the English Language*. 3. veränd. Aufl. New York etc.: Harcourt Brace Jovanovich 1982.

ANTTILA, Raimo: *An Introduction to Historical and Comparative Linguistics*. New York: Macmillan 1972.

ARONOFF, Mark: *Word Formation in Generative Grammar*. Cambridge, MA: MIT Press 1976.

BLOOMFIELD, Leonard: *Language*. London: Allen & Unwin 1935 [1933].

CARVER, Craig M.: *American Regional Dialects. A Word Geography*. Ann Arbor: The University of Michigan Press 1987.

CHOMSKY, Noam: *The Minimalist Program*. Cambridge, MA: MIT Press 1995.

CLARK, Herbert H. und Eve V. Clark: *Psychology and Language. An Introduction to Psycholinguistics*. New York etc.: Harcourt Brace Jovanovich 1977.

COOK, Vivian J. und Mark Newson: *Chomsky's Universal Grammar. An Introduction*. 2. veränd. Aufl. Oxford und Cambridge, MA: Blackwell 1996.

COULMAS, Florian: *The Writing Systems of the World*. Oxford und Cambridge, MA: Blackwell 1989.

DAVIS, John: *Phonetics and Phonology*. Stuttgart: Klett 1998.

GELB, Ignace J.: *A Study of Writing. A Discussion of the General Principles Governing the Use and Evolution of Writing*. Veränd. Aufl. Chicago und London: University of Chicago Press 1963.

GIEGERICH, Heinz J.: *English Phonology. An Introduction*. Cambridge: Cambridge University Press 1993.

GIPPER, Helmut: „Sessel oder Stuhl? Ein Beitrag zur Bestimmung von Wortinhalten im Bereich der Sachkultur." In: *Sprache – Schlüssel zu Welt. Festschrift L. Weisgerber*. Hrsg.: H. Gipper. Düsseldorf: Schwann 1959. S. 271–292.

GÖRLACH, Manfred: *Introduction to Early Modern English*. Cambridge: Cambridge University Press 1991. [Übers. von *Einführung ins Frühneuenglische*. Heidelberg: Quelle & Meyer 1978.]

GÖRLACH, Manfred: „*Varietas Delectat*: Forms and Functions of English around the World." In: *More Englishes: New Studies in Varieties of English 1988–1994*. Varieties of English around the World, General Series vol. 13. Amsterdam und Philadelphia: John Benjamins 1995. S. 10–38.

GÖRLACH, Manfred: *The Linguistic History of English. An Introduction*. Basingstoke, Hants.: Macmillan 1997. [Übers. von *Einführung in die englische Sprachgeschichte*. 3. durchges. Aufl. Heidelberg: Quelle & Meyer 1994.]

GOODLUCK, Helen: *Language Acquisition. A Linguistic Introduction*. Oxford und Cambridge, MA: Blackwell 1991.

HAARMANN, Harald: *Universalgeschichte der Schrift*. 3. durchges. Aufl. Frankfurt und New York: Campus 1991.

HAEGEMAN, Liliane: *Introduction to Government and Binding Theory*. 2. veränd. Aufl. Oxford und Cambridge, MA: Blackwell 1994.

HARRIS, Roy: *The Origin of Writing*. London: Duckworth 1986.

HUDDLESTON, Rodney: *Introduction to the Grammar of English*. Cambridge: Cambridge University Press 1984.

JACKENDOFF, Ray: *Semantics and Cognition*. Cambridge, MA: MIT Press 1983.

JACKENDOFF, Ray: *Patterns in the Mind. Language and Human Nature*. Exeter: Basic Books 1994.

JENSEN, Hans: *Sign, Symbol, and Script*. Übers. von George Unwin. 3. neu bearb. und erw. Aufl. London: Allen & Unwin 1970.

JESPERSEN, Otto: *Growth and Structure of the English Language*. 10. veränd. Aufl. mit einem Vorwort von Randolph Quirk. Oxford: Blackwell 1982 [1905].

JOOS, Martin: *The Five Clocks. A Linguistic Excursion into the Five Styles of English Usage*. New York: Harcourt Brace and World 1967.

KURATH, Hans: *A Word Geography of the Eastern United States*. Ann Arbor: The University of Michigan Press 1949.

KURATH, Hans und Raven I. McDavid, Jr.: *The Pronunciation of English in the Atlantic States, based upon the Collections of the Linguistic Atlas of the Eastern United States.* Ann Arbor: The University of Michigan Press 1961.

LABOV, William: *Sociolinguistic Patterns.* Oxford: Blackwell 1972.

LABOV, William: „The Boundaries of Words and their Meanings." In: *New Ways of Analyzing Variation in English.* Hrsg.: Charles-James N. Bailey und Roger W. Shuy. Washington, D.C.: Georgetown University Press 1973. S. 340–373.

LEHMANN, Winfred P.: *Historical Linguistics.* 3. veränd. Aufl. London und New York: Routledge 1992.

MCMAHON, April M.S.: *Understanding Language Change.* Cambridge: Cambridge University Press 1994.

MAIR, Christian: *Einführung in die anglistische Sprachwissenschaft.* Darmstadt: Wissenschaftliche Buchgesellschaft 1997.

MARCHAND, Hans: *The Categories and Types of Present-Day English Word-Formation.* Wiesbaden: Harrassowitz 1960.

MATTHEWS, P. H.: *Morphology.* 2. veränd. Aufl. Cambridge: Cambridge University Press 1991.

O'GRADY, William, Michael Dobrovolsky und Mark Aronoff: *Contemporary Linguistics. An Introduction.* 3. veränd. Aufl. New York: St. Martin's Press 1997.

OLSEN, Susan: „Konversion als ein kombinatorischer Wortbildungsprozeß." In: *Linguistische Berichte* 127 (1990), S. 185–216.

PINKER, Steven: *The Language Instinct. How the Mind Creates Language.* New York: William Morrow 1994.

PYLES, Thomas und John Algeo: *The Origins and Development of the English Language.* 4. veränd. Aufl. Fort Worth etc.: Harcourt Brace Jovanovich 1993.

RADFORD, Andrew: *Syntactic Theory and the Acquisition of English Syntax.* Oxford und Cambridge, MA: Blackwell 1990.

RADFORD, Andrew: *Syntactic Theory and the Structure of English. A Minimalist Approach.* Cambridge: Cambridge University Press 1997.

RADFORD, Andrew: *Syntax. A Minimalist Introduction.* Cambridge: Cambridge University Press 1997.

RIGG, A. G., Hrsg.: *The English Language. A Historical Reader.* New York: Appleton – Century – Crofts 1968.

SAMPSON, Geoffrey: *Writing Systems.* London: Hutchinson 1985.

SAPIR, Edward: *Language. An Introduction to the Study of Speech.* New York: Harcourt Brace 1921.

SCHERER, Günther und Alfred Wollmann: *Englische Phonetik und Phonologie.* 3. überarb. und erg. Aufl. Berlin: Erich Schmidt 1986.

SELKIRK, Elizabeth O.: *The Syntax of Words.* Cambridge, MA: MIT Press 1982.

TRUDGILL, Peter: *On Dialect. Social and Geographical Perspectives.* Oxford: Blackwell 1983.

TRUDGILL, Peter: *Sociolinguistics. An Introduction to Language and Society.* Überarb. Aufl. Harmondsworth: Penguin 1983.

VACHEK, Josef: *Written Language. General Problems and Problems of English.* The Hague: Mouton 1973.

VENEZKY, Richard L.: *The Structure of English Orthography.* The Hague: Mouton 1970.

WHITELOCK, Dorothy: *Sweet's Anglo-Saxon Reader in Prose and Verse.* Oxford: Oxford University Press 1967.

Glossar

A

Ableitung (*derivation*): Siehe Derivation.

Adjektiv (*adjective*, A): Wortart, die typischerweise Eigenschaften oder Zustände ausdrückt. Adjektive können mit Hilfe der beiden Endungen *-er*/*-est* oder mit *more*/*most* gesteigert werden und als Attribut in einer Nominalphrase auftreten.

Adjektivphrase (*adjective phrase*, AP): Phrase, die von einem Adjektiv als Kopf projiziert wird.

Adjunkt (*adjunct*): Nicht notwendiger Modifizierer in einer Phrase. Adjunkte, die vor dem Kopf der Phrase erscheinen, werden auch als Attribute bezeichnet.

Adverb (*adverb*, Adv): Wortart, die typischerweise durch das Anfügen des Suffixes *-ly* an ein Adjektiv gebildet wird. Adverbien können als Attribute in Verbal-, Adjektiv- und Präpositionalphrasen auftreten.

Adverbphrase (*adverb phrase*, AdvP): Phrase, die von einem Adverb als Kopf projiziert wird.

Affix (*affix*): Wortbildungselement, das nur in Verbindung mit einer Basis auftreten kann. Affixe vor der Basis werden als Präfixe bezeichnet, solche nach der Basis als Suffixe. Suffixe bestimmen in der Regel die Wortart des morphologisch komplexen Wortes.

Affrikate (*affricate*): Obstruent, der wie ein Verschlusslaut, jedoch mit einer reibelautartigen Lösung der Blockierung produziert wird. Im Englischen finden sich zwei Affrikaten: /tʃ/ und /dʒ/.

Agens (*agent*): Siehe semantische Rolle.

Akzent (*accent*): Ausspracheart eines Sprechers. Der Akzent reflektiert die geographische Herkunft sowie den sozialen Hintergrund und die Bildung des Sprechers.

Allomorph (*allomorph*): Realisierung eines Morphems in Abhängigkeit von seiner Umgebung. Die meisten Morpheme werden immer auf dieselbe Weise realisiert, z. B. *book* oder *-ness*. Bei anderen Morphemen kann die Realisierung in Abhängigkeit vom Kontext variieren. Die Endung für das Vergangenheitstempus (*-ed*) z. B. weist die drei Allomorphe /ɪd/, /t/ und /d/ auf.

Allophon (*allophone*): Realisierung eines Phonems in Abhängigkeit von seiner Umgebung. Das Phonem /p/ z. B. kann als [pʰ], [p⁼] oder [p˺] realisiert werden.

Alphabet (*alphabet*): Satz orthographischer Symbole, die zur Repräsentation einer Sprache in Form einer Folge von Konsonanten und Vokalen verwendet werden. Die einzelnen Symbole werden als Buchstaben bezeichnet.

Approximant (*approximant*): Konsonant, der unter Erzeugung von Resonanz produziert wird und bei dem der Luftstrom weder völlig unterbrochen wird noch ausreichend eingeengt wird, um eine hörbare Reibung zu erzeugen. Die englischen Approximanten umfassen die Liquide /l/ und /r/ und die Halbvokale /j/ und /w/.

Artikel (*article*): Die Determiner *the* (bestimmter Artikel) und *a* (unbestimmter Artikel), die die Bestimmtheit des nachfolgenden Nomens oder der nachfolgenden Nominalphrase anzeigen.

Attribut (*attribute*): Siehe Adjunkt.

B

Basis (*base*): Form, an die in Wortbildungsprozessen ein Affix angefügt werden kann. Bei der Form kann es sich um eine Wurzel handeln oder um eine Form, die ihrerseits auch abgeleitet ist.

Betonung (*stress*): In jedem mehrsilbigen Wort gibt es eine Silbe, die in der Aussprache prominenter ist als die andere(n). Diese Silbe trägt die Hauptbetonung. Außerdem gibt es im Englischen die Möglichkeit einer sekundären

Betonung auf einer weiteren Silbe, die zwar weniger prominent ist als die Silbe mit der Hauptbetonung, aber immer noch prominenter als eine unbetonte Silbe.

Bewegung (*movement*): Sätze, die systematische Unterschiede in der Positionierung von vergleichbaren Elementen zeigen, gelten als durch Bewegung miteinander verwandt. Der Fragesatz wird im Englischen durch die Bewegung des Satzkopfes (I) in eine Position vor dem Subjekt des Satzes gebildet. Die ehemalige Position des verschobenen Elements wird durch eine Spur besetzt.

Buchstabe (*letter*): Siehe Alphabet.

C

Complementizer (*complementizer*, C): Wort, das die Einbettung eines Satzes in einen anderen markiert (z. B. *that* in *I knew that Bill had left*), oder Position vor dem Satz, in der das *that* erscheinen kann und in die der Satzkopf in einer Frage verschoben wird.

Complementizer-Phrase (*complementizer phrase*, CP): Satz, in dem die Complementizer-Position vorhanden ist.

D

Derivation (*derivation*): Wortbildungsprozess, in dem ein Affix (Suffix oder Präfix) an eine Basis angefügt wird, um ein neues Wort zu bilden.

Determiner (*determiner*): Eins aus einer kleinen Gruppe von Wörtern, die zur Markierung einer Nominalphrase für Bestimmtheit (die Artikel *the/a*) oder Bestimmtheit und Nähe (die Demonstrativa *this/that, these/those*) verwendet wird.

Determiner Phrase (*determiner phrase*, DP): Da im Englischen eine Nominalphrase typischerweise durch ein Wort wie *a* oder *the* determiniert wird oder als Name oder Pronomen ebenfalls determiniert ist, kann eine Nominalphrase auch als Determiner-Phrase betrachtet werden, wobei der Determiner den Rest der Nominalphrase als Komplement nimmt.

Dialekt (*dialect*): Varietät einer Sprache. Dialekte unterscheiden sich typischerweise hinsichtlich Wortschatz, Grammatik und Aussprache voneinander.

Dialektgeographie (*dialect geography*): Beschäftigung mit sprachlicher Variation unter dem Gesichtspunkt der geographischen Verteilung von Varietäten.

Digraph (*digraph*): Kombination einzelner Symbole eines Alphabets, die verwendet wird, um einen Konsonanten oder Vokal darzustellen, z. B. *sh* für /ʃ/ in *ship* oder *ee* für /iː/ in *seed*.

Diphthong (*diphthong*): Vokalphonem, das typischerweise als Bewegung von der Position eines tieferen Vokals in Richtung eines höheren Vokals realisiert wird, wie z. B. /aɪ/ in *time* oder /aʊ/ in *town*.

Distinktives Merkmal (*distinctive feature*): Siehe Merkmal.

Dummy Auxiliary (*dummy auxiliary*): Bezeichnung für das englische Hilfsverb *do*, das nur dann in Erscheinung tritt, wenn in Fragen oder Verneinungen kein anderes Hilfsverb zur Verfügung steht.

E

Early Child Grammar-Phase (*Early Child Grammar stage*): Siehe frühe Mehrwortphase.

Eingebetteter Satz (*embedded sentence*): Satz, der als Konstituente eines anderen Satzes erscheint.

Ein-Wort-Phase (*single-word stage*): Phase des Erstspracherwerbs, in der die Äußerungen des Kindes aus einzelnen Zeichen ohne grammatische Charakteristika oder Möglichkeiten von Wortverbindungen bestehen.

Entlehnung (*borrowing*): Übernahme von Merkmalen aus einer Sprache oder einem Dialekt in eine(n) andere(n). Besonders häufig finden sich Entlehnungen im Wortschatz.

Experiencer (*experiencer*): Siehe semantische Rolle.

F

Finit (*finite*): Eigenschaft eines Satzes, der Tempus und Kongruenz zeigt. Finite Sätze können entweder unabhängig oder eingebettet sein. Ein Satz, der nicht für Tempus und Kongruenz markiert ist, ist nicht-finit und kann ausschließlich als eingebetteter Satz auftreten.

Flexion (*inflection*, I): Siehe Inflectional Phrase.

Flexionsendung (*inflectional suffix*): Affix, das zu einer Gruppe von Markierungen (Paradigma) zählt, die mit einer der drei Wortarten N, V, A assoziiert werden.

Formativ (*formative*): Siehe Morphem.

Frühe Mehrwortphase (*early multi-word stage*): Phase des Erstspracherwerbs, in der Kinder beginnen, Wörter in Kategorien einzuteilen und zu lexikalischen Phrasen zu verbinden.

Funktionale Kategorie (*functional category*): Siehe Wortart.

G

General American (*General American*, GA): Aussprachevariante, die für eine große Zahl amerikanischer Sprecher charakteristisch ist.

Gleitlaut (*glide*): Siehe Diphthong.

Grammatik (*grammar*): System sprecherinterner Prinzipien, die die Grundlage von Satzbildung und Interpretation der Sprache darstellen.

H

Halbvokal (*semivowel*): Phonem (Approximant), das primär Eigenschaften eines Vokals aufweist, aber dennoch ein Konsonant ist, weil es nicht als Nukleus einer Silbe fungieren kann. Die beiden englischen Halbvokale, die nur vor Vokalen erscheinen, sind /j/ und /w/.

Hier und jetzt-Prinzip (*here and now principle*): Prinzip, das besagt, dass Kinder sich im Erstspracherwerb zunächst jene Zeichen aneignen, die zur Bezugnahme auf etwas in ihrer unmittelbaren Umgebung verwendet werden können.

Hilfsverb (*auxiliary*): Eine aus einer kleinen Gruppe von Formen, die als Kopf eines Satzes fungieren können. Hierzu zählen im Englischen Modalverben (z. B. *can*) und die flektierbaren Hilfsverben *have*, *be* und *do*.

Homophone (*homophones*): Verschiedene Zeichen, deren Lautbilder identisch sind, wie z. B. *meat*, *meet* und *mete*. Meist werden Homophone im Englischen auf unterschiedliche Weise geschrieben.

Hyponym (*hyponym*): Semantische Unterkategorie, z. B. bei Komposita, bei denen das Kompositum eine Subkategorie der Bedeutung des Kopfes bildet: ein *dinner table* ist eine Art von Tisch.

I

Infinitiv (*infinitive*): Grundform des Verbs, die nicht für Tempus und Kongruenz markiert ist und nicht die Form eines Partizips hat. Der Infinitiv tritt vor allem in Verbindung mit Modalverben und der Partikel *to* auf.

Inflectional phrase (*inflectional phrase*, IP): Projektion von der Flexion (I), die den Satz ausmacht. I nimmt die Verbalphrase als Komplement und das Subjekt des Satzes als Specifier.

International Phonetic Alphabet (*International Phonetic Alphabet*, IPA): System zur graphischen Darstellung von Sprache, das versucht, für jeden Laut menschlicher Sprache ein spezifisches Symbol bereitzustellen.

Isoglosse (*isogloss*): Geographische Linie, die die geographische Ausdehnung eines sprachlichen Merkmals angibt.

K

Kasus (*case*): Markierung von Nomina und Pronomina mit Hilfe von Affixen, die die syntaktische Funktion des Nomens bzw. Pronomens angeben, und Markierung von Modifizierern, um Kongruenz mit einem Nomen oder Pronomen zu zeigen. In früheren Epochen der englischen Sprachgeschichte konnten Nomina in vier Kasus erscheinen: Nominativ, Akkusativ, Dativ und Genitiv. Im modernen Englisch können Nomina nur für den Genitiv explizit markiert werden, während Pronomina Kasusmarkierungen für Nominativ, Akkusativ und Genitiv aufweisen können, z. B. *he/him/his, she/her/her.*

Kategorisierung (*categorization*): Prozess, in dem ein Mensch seine Erfahrungswirklichkeit strukturiert. Die Bedeutungen in der Zeichenbeziehung reflektieren die Kategorisierungen des Sprechers.

Koda (*coda*): Konsonant oder Konsonantenfolge nach dem Vokal einer Silbe.

Komparativ (*comparative*): Adjektivform, die verwendet wird, um etwas mit etwas anderem zu vergleichen. Ein Auto ist *bigger* als ein Kühlschrank. Der Komparativ wird entweder durch das Suffix *-er* oder durch das Wort *more* gebildet.

Kompetenz (*competence*): Grundlage der Fähigkeit des Muttersprachlers, eine unbegrenzte Zahl grammatischer Sätze zu produzieren und zu verstehen. Siehe auch Grammatik.

Komplement (*complement*): Modifizierer des Kopfes einer Phrase, der nicht vom Kopf getrennt werden darf (z. B. *the door* in *open the door*).

Komplementäre Distribution (*complementary distribution*): Auftreten von Allophonen eines Phonems oder Allomorphen eines Morphems in verschiedenen Umgebungen.

Komposition (*compounding*): Wortbildungsprozess, in dem Wörter mit einem spezifischen Betonungsmuster kombiniert werden. In solchen Konstruktionen bestimmt das rechte Element die Wortart des ganzen Wortes.

Kongruenz (*agreement*): Beziehung zwischen dem Kopf des Satzes und seinem Specifier/Subjekt, die durch die Markierung des Satzkopfes (I) in Übereinstimmung mit dem Subjekt markiert wird.

Konstituente (*constituent*)/unmittelbare Konstituenten (*immediate constituents*, ICs): Bestandteil einer größeren Konstruktion in morphologisch komplexen Wörtern oder syntaktischen Einheiten. Unmittelbare Konstituenten sind die beiden Konstituenten, die zusammenkommen, um eine Konstruktion zu bilden.

Konversion (*conversion*): Wortbildungsprozess ohne explizites Affix, das die Richtung der Ableitung angibt; wird oft als Nullableitung aufgefasst, in der die Richtung der Ableitung durch ein die Wortart bestimmendes Nullaffix markiert wird.

Kopf (*head*): In der Wortbildung das Element, das die Wortart einer morphologisch komplexen Form bestimmt. Typischerweise handelt es sich bei dem morphologischen Kopf um den rechten Bestandteil einer morphologisch komplexen Form. In der Syntax die Einheit, von der eine Phrase projiziert wird. Lexikalische Phrasen werden von den lexikalischen Köpfen N, V, A, Adv und P projiziert. In ihnen liefert der Kopf die semantische Kategorie, die mit der Phrase assoziiert wird. Funktionale Phrasen (IP, CP und DP) werden von den funktionalen Köpfen I, C und D projiziert.

Kopf zu Kopf-Bewegung (*head to head movement*): Bewegung eines Kopfes in die nächste verfügbare Kopfposition, z. B. Bewegung eines Hilfsverbs, das als Kopf des Satzes fungiert, in die C-Position in Fragesätzen.

L

Lautbild (*sound image*): Phonem oder Folge mehrerer Phoneme, die in der Zeichenbeziehung unmotiviert mit einer Bedeutung verknüpft ist.

Lautschrift/Transkription (*transcription*): Satz alphabetischer Symbole, die zur Darstellung der Aussprache von Wörtern verwendet werden. Eine Lautschrift repräsentiert jedes Phonem mit einem eigenen Symbol, und ein bestimmtes Symbol wird immer nur zur Darstellung eines einzigen Phonems eingesetzt. Die gebräuchlichsten Transkriptionen sind jene, die auf dem *International Phonetic Alphabet* basieren.

Leeres Pronomen (*empty pronoun*, PRO): Erklärung für die nicht explizit realisierte Subjektkonstituente in einem eingebetteten Satz wie *Bill wanted _ to join the army*. Eine solche Konstruktion entspricht einer Konstruktion mit explizitem Pronomen: *Bill wanted her to join the army*. Die Referenz des PRO wird im ersten Fall durch das Subjekt des übergeordneten Satzes (*Bill*) bestimmt.

Lexem (*lexeme*): Das Wort als Summe all seiner flektierten Formen gesehen. Die Wortformen *dog* und *dogs* bilden ein Lexem und ebenso die Wortformen *walk*, *walks*, *walking* und *walked*.

Lexikalische Kategorie (*lexical category*): Siehe Wortart.

Lexikon (*lexicon*): Wortliste des Sprechers plus Wortbildungsregeln für die Analyse und Neuschaffung von Wörtern.

Liquid (*liquid*): Häufig anzutreffende Bezeichnung für die beiden Approximanten /l/ und /r/. Siehe Approximant.

Logogramm (*logogram*): Graphisches Symbol, das zur Repräsentation eines Wortes oder Morphems (unabhängig von dessen phonologischer Struktur) verwendet wird.

M

Merkmal (*feature*): In der Phonologie eine jener Eigenschaften, die Phoneme ausmachen. Die Eigenschaften, die Phoneme voneinander unterscheiden, werden als distinktive Merkmale bezeichnet. In der Semantik eine jener Eigenschaften, die Grundlage der Etablierung einer Typuskategorie und des Vergleichs von etwas zu kategorisierendem mit der Typuskategorie sind.

Minimalpaar (*minimal pair*): Zeichen, deren Lautbilder sich nur durch ein einziges Phonem unterscheiden, z. B. *bit/pit* oder *bit/bat*.

Modalverb (*modal*): Eins aus einer Gruppe von Hilfsverben, die ein nachfolgendes Verb im Infinitiv erfordern. Sätze mit Modalverben sind finit, obwohl Modalverben nicht für Kongruenz markiert sind.

Modifizierer (*modifier*): Wort oder Phrase, das/die mit einem Kopf kombiniert wird und gemeinsam mit diesem eine Phrase bildet.

Morphem (*morpheme*): Identifizierbare Komponente in Wortstrukturen. Solche Komponenten können mit Bedeutung verknüpft sein, können aber auch Wortbausteine ohne Bedeutung sein. Letzteres ist bei *cran-* in *cranberry* der Fall.

Morphologie (*morphology*): Bereich der Beschreibung von Sprache, der sich mit der Identifizierung von Morphemen und der Wortbildung beschäftigt.

N

Nasal (*nasal*): Konsonant, der durch die Blockierung des Luftstroms im Mund und unter Verwendung der Nase als Resonanzkammer erzeugt wird, wie in den englischen Konsonanten /m/, /n/, /ŋ/.

Nomen (*noun*, N): Wortart, die typischerweise konzeptuelle Einheiten repräsentiert. Nomina können eine Pluralmarkierung erhalten und determiniert sein.

Nominalphrase (*noun phrase*, NP): Phrase, die von einem Nomen als Kopf projiziert wird.

Nukleus (*nucleus*): Vokal einer Silbe.

Nullaffix (*zero affix*): Phonologisch nicht realisiertes Affix, das in der Beschreibung von Konversion benutzt wird, um die Richtung des Wortbildungsprozesses anzuzeigen und einen Kopf des abgeleiteten Wortes zu bilden, wie bei $[open]_A$ -> $[[open]_A \varnothing]_V$.

Numerus (*number*): Englische Nomina können für Numerus (Singular/Plural) markiert werden, und es kann Numerus-Kongruenz zwischen dem Subjekt des Satzes und dem Kopf des Satzes geben. Siehe auch Kongruenz.

O

Obstruenten (*obstruents*): Gruppe konsonantischer Phoneme (Plosive, Frikative und Affrikaten), bei deren Produktion der Luftstrom behindert wird und die ohne Resonanz erzeugt werden.

Onset (*onset*): Konsonant oder Konsonantenfolge vor dem Vokal einer Silbe.

Orthographie (*orthography*): System von Symbolen, die zur graphischen Repräsentation einer Sprache verwendet werden. Die Symbole können Wörter, Silben oder Phonemsequenzen darstellen.

P

Paradigma (*paradigm*): Satz von Flexionsendungen, die mit einer der Wortarten N, V, A assoziiert werden.

Parameter (*parameter*): Mögliche Realisierung eines universellen Prinzips der Sprachstruktur. Alle Sprachen verwenden z. B. das Prinzip des Kopfes, aber die Reihenfolge von Kopf und Komplement kann in den Sprachen unterschiedlich ausfallen, wird allerdings in jeder Sprache in sich einheitlich sein.

Partikel (*particle*): Invariables Funktionswort wie z. B. der Complementizer *that*, der Marker für den Satzkopf *to* und der Negativmarker *n't*.

Partizip (*participle*): Eine der beiden nicht finiten Formen des Verbs, die in Verbindung mit einem Hilfsverb verwendet werden. Das Partizip der Verlaufsform kann mit *be* auftreten, um die Verlaufsform zu bilden (z. B. *Bill is painting the house*). Das andere Partizip bildet (1) mit *have* das Perfekt (z. B. *Bill has painted the house*) und (2) mit *be* Passivkonstruktionen (z. B. *The house was painted by Bill*). Bei (1) wird das Partizip oft als Partizip Perfekt bezeichnet, bei (2) hingegen als Partizip Passiv, obwohl es sich in beiden Fällen um die gleiche Verbform handelt.

Passivkonstruktion (*passive construction*): Satz, dessen Kopf von dem Hilfsverb *be* gebildet wird und in dem das auf den Satzkopf folgende Verb als Partizip Passiv erscheint. Das Thema des Verbs tritt als Subjekt des Satzes auf und das Agens – wenn überhaupt – als Adjunkt in der Verbalphrase, das durch die Präposition *by* eingeleitet wird; Beispiel: *The novel was written (by Mary) in June*.

Patiens (*patient*): Siehe semantische Rolle.

Perfekt (*perfect*): Kombination eines Verbs mit dem Hilfsverb *have*. Das Verb erscheint als Partizip (z. B. *have opened, had taken*).

Person (*person*): Im englischen Sprachgebrauch werden drei Personen unterschieden: erste Person (der/die Sprecher), zweite Person (der/die Angeredete/n) und dritte Person (das Subjekt/die Subjekte, auf die Bezug genommen wird). In einem englischen Satz zeigt die grammatische Markierung *-s* im Präsens Kongruenz mit einem Subjekt in der dritten Person Singular.

Phonem (*phoneme*): Distinktive Einheit der Phonologie einer Sprache. Das Lautbild wird als Folge solcher Einheiten wahrgenommen. Jedes Phonem muss sich durch seine Merkmale von allen anderen Phonemen unterscheiden.

Phonetisch (*phonetic*): Bezieht sich auf die Realisierung von Phonemen. Phoneme können auf unterschiedliche Weise artikulatorisch/phonetisch realisiert werden: /p/ z. B. kann phonetisch als [p^h], [$p^=$] oder [$p^⌝$] umgesetzt werden.

Phonetisierung (*phonetization*): Prozess in der Geschichte der Schrift, in dem der Übergang von der Darstellung ganzer Wörter durch einzelne Symbole zur Darstellung von Lautfolgen durch Symbole erfolgte. In der ersten Phase der Phonetisierung wurden Symbole nicht nur zur Repräsentation von ganzen Wörtern, sondern auch für solche Silben, die mit einem Wort homophon waren, verwendet.

Phonologie (*phonology*): Bereich der Beschreibung von Sprache, der sich mit den Eigenschaften von Phonemen und mit deren Organisation in Form von Silben beschäftigt.

Phrase (*phrase*): Syntaktische Einheit, die von einem Kopf projiziert wird.

Piktogramm (*pictogram*): Bildhafte graphische Darstellung, die Bedeutung übermitteln soll, ohne dabei auf Sprache Bezug zu nehmen.

Prädikat (*predicate*): Verbalphrase in Hinsicht auf ihre Verbindung mit einem Subjekt betrachtet.

Prädikation (*predication*): Verbindung eines Subjekts und eines Prädikats. Die Verbalphrase kann eine Prädikation sein, wenn sie einen Specifier besitzt, wie in einem *small clause*. Im Normalfall ist eine Prädikation aber zugleich ein Satz, in dem Subjekt und Prädikat durch den Kopf des Satzes, die Flexion, verknüpft werden.

Präfix (*prefix*): Siehe Affix.

Präposition (*preposition*, P): Wortart, die einen begrenzten Satz von Wörtern umfasst, die verwendet werden, um eine Position oder eine Richtung anzugeben (z. B. *on* the table, *through* the door). Präpositionen weisen keine besonderen morphologischen Charakteristika auf.

Präpositionalphrase (*prepositional phrase*, PP): Phrase, die von einer Präposition als Kopf projiziert wird.

Präsens (*present tense*): Siehe Tempus.

Präteritum (*past tense*): Siehe Tempus.

Projektion (*projection*): Prozess der Bildung von Phrasen, bei dem Kopf und Modifizierer verknüpft werden. NP, VP, AP, AdvP und PP sind lexikalische Projektionen, da sie lexikalische Kategorien als Kopf aufweisen. IP, CP und DP sind funktionale Projektionen, da sie funktionale Kategorien als Kopf besitzen.

Pronomen (*pronoun*): Eine aus einer Gruppe von Ersatzformen, die eine DP bilden können. Ein Personalpronomen wie *she* z. B. kann syntaktisch gleichwertig mit einer DP wie *the young woman in the car* sein, und ein Fragepronomen wie *what* kann eine DP-Konstituente, nach der gefragt wird, ersetzen.

Proto-Germanisch (*Proto-Germanic*): Auf der Basis der einzelnen germanischen Sprachen rekonstruierte Sprache, die den gemeinsamen Vorgänger der germanischen Sprachen darstellt. Das Präfix *proto-* gibt an, dass die Sprache lediglich rekonstruiert ist.

Proto-Indoeuropäisch (*Proto-Indoeuropean*): Rekonstruierte Sprache, die den Vorläufer der meisten modernen europäischen Sprachen darstellt.

Prototypisch (*prototypical*): Charakteristikum eines kategorisierten Objektes, dessen Merkmale es als bestmögliches Beispiel einer Kategorie ausweisen.

R

Received Pronunciation (*Received Pronunciation*, RP): Akzent, der oft als britische Standardaussprache angesehen wird. Wird meist nicht näher geographisch eingeordnet.

Reibelaut/Frikativ (*fricative*): Konsonantisches Phonem, das durch eine Reibung verursachende Behinderung der Luft auf ihrem Weg durch den Mund erzeugt wird.

Rekonstruktion (*reconstruction*): Prozess der Ermittlung von Charakteristika einer früheren Entwicklungsstufe einer Sprache durch einen Vergleich der Merkmale von miteinander verwandten Sprachen. Die rekonstruierte Sprache wird als Vorläufer jener Sprachen, auf denen die Rekonstruktion basiert, angesehen.

S

Sekundäre Motivation (*secondary motivation*): Möglichkeit, die Bedeutung morphologisch komplexer Wörter auf der Basis ihrer Komponenten und deren Zusammensetzung zu erschließen.

Semantische/thematische Rolle (*thematic role*): Verben werden mit DPs in Verbindung gebracht, die die an der durch das Verb ausgedrückten Aktivität Beteiligten angeben. Die Rollen werden als intern bezeichnet, wenn sie postverbal realisiert werden, und als extern, wenn sie syntaktisch als Subjekt des Verbs umgesetzt werden. Die geläufigsten Rollen sind Agens (Ausführender der Handlung), Patiens (Empfänger der Handlung), Ziel (Endpunkt einer Handlung) und Thema (Rolle, deren Position oder Bewegung angegeben wird). Ein Verb wie *give* wird mit drei semantischen Rollen assoziiert, ein Verb wie *fall* mit nur einer.

Silbe (*syllable*): Konfiguration von Phonemen in der Lautfolge eines Wortes. Eine Silbe besitzt immer einen Vokal als Nukleus und kann zusätzlich bis zu drei Konsonanten als Onset oder Koda besitzen. Onset und/oder Koda können aber auch völlig fehlen. Erscheint wenigstens ein Konsonant in der Koda, gilt die Silbe als geschlossen. Andernfalls liegt eine offene Silbe vor.

Silbenzeichen (*syllabograph*): Graphisches Symbol, das eine Silbe repräsentiert.

Small clause (*small clause*): Prädikation mit Subjekt/Prädikat-Struktur, aber ohne Satzkopf, wie in *We saw* [*Tom open the door*].

Sonorant (*resonant*): Phonem, das mit Resonanz realisiert wird. Zu den Sonoranten zählen alle Vokale und jene Konsonanten, die mittels Resonanz produziert werden (z. B. Nasale und Approximanten).

Soziolekt (*sociolect*): Wenn man die von einem Sprecher verwendete Varietät dahingehend betrachtet, was sie über den sozialen Hintergrund und die Schulbildung des Sprechers aussagt, dann spricht man vom Soziolekt des Sprechers.

Späte Mehrwortphase (*later multi-word stage*): Phase des Erstspracherwerbs, in der Kinder mit der Verwendung funktionaler Projektionen beginnen, indem sie Flexion zur Markierung von Tempus- und Numeruskongruenz, determinierte Nominalphrasen und Bewegung verwenden.

Specifier (*specifier*): Für eine Prädikation notwendige Konstituente einer Phrase. In der Verbalphrase ist der Specifier eine der mit dem Verb assoziierten Rollen, wie z. B. *Bill* in *We saw* [*Bill open the door*]. Der Specifier der VP wird Subjekt des Satzes, indem er in die Specifier-Position des Satzkopfes I verschoben wird. Die C-Projektion kann ebenfalls einen Specifier besitzen, nämlich das *wh*-Pronomen, das in *wh*-Fragen verschoben und zum Specifier des C wird.

Spracherwerb (*language acquisition*): Bezeichnung für den Prozess des Erlernens der Muttersprache durch ein Kind. Dieser Prozess scheint durch angeborene kognitive Prinzipien gelenkt zu werden, die festlegen, dass das Kind eine Sprache lernen wird, und wie die Eigenschaften einer Sprache aussehen können.

Spur (*trace*, t): Sind Sätze durch Bewegung verwandt, so bleibt die Position, aus der etwas verschoben worden ist, durch eine Spur erhalten. Dies ermöglicht es zu zeigen, dass es sich z. B. bei *what* in *What did she write* um das Komplement von *write* handelt, obwohl es sich nicht in der für das Komplement des Verbs charakteristischen Position befindet.

Standardsprache (*standard*): Jener Dialekt einer Sprache, der geschrieben wird. Sprecher einer Standardsprache teilen viele Gemeinsamkeiten in Wortschatz und Grammatik. In der Aussprache können sich allerdings Unterschiede zeigen.

Stilistische Variation (*stylistic variation*): Variation in der Sprache jedes Sprechers, die kontextuelle Anpassung reflektiert.

Stummes e (*mute e*): Symbol, das in der englischen Orthographie verwendet wird, um zu signalisieren, dass ein vorhergehendes Vokalsymbol einen „langen" Vokal repräsentiert, selbst wenn dieser in einer geschlossenen Silbe steht. Über das *-e* wird deshalb gesagt, es öffne die Silbe künstlich.

Subjekt (*subject*): Specifier des Satzkopfes I und Ausgangspunkt der Prädikation.

Suffix (*suffix*): Siehe Affix.

Superlativ (*superlative*): Adjektivform, die verwendet wird, um etwas mit dem Satz, zu dem es gehört, zu vergleichen: *This car is the biggest of the lot*. Die Superlativform wird entweder durch das Suffix *-est* markiert oder durch das Wort *most*, wie in *the most beautiful*.

Syntax (*syntax*): Bereich der Beschreibung von Sprachen, der sich mit der Konstruktion von Phrasen und Sätzen als Projektionen von einem Kopf beschäftigt.

T

Tempus (*tense*): Ein finiter Satz im Englischen steht entweder im Präteritum (Markierung mit *-ed*) oder im Präsens (Markierung *-(e)s* für die dritte Person Singular). Die Markierung für Tempus trägt das Hilfsverb, sofern ein solches vorhanden ist, und andernfalls erscheinen die entsprechenden Endungen am Verb.

Thema (*theme*): Siehe semantische Rolle.

Thematische Rolle (*thematic role*): Siehe semantische Rolle.

Transformation (*transformation*): Die Möglichkeit, Beziehungen zwischen Sätzen als Resultat der Bewegung von korrespondierenden Satzteilen aufzufassen.

Transkription (*transcription*): Siehe Lautschrift.

Transparent (*transparent*): Siehe sekundäre Motivation.

U

Universalgrammatik (*Universal Grammar*, UG): Satz angeborener kognitiver Prinzipien, die die Grundlage menschlichen Spracherwerbs darstellen. Diese Prinzipien legen die generellen Eigenschaften menschlicher Sprache fest und bestimmen, wie diese in einzelnen Sprachen realisiert werden können.

V

Varietät (*variety*): Erscheinungsform einer Sprache, deren Existenz auf regionale und soziale Faktoren zurückzuführen ist. Varietäten unterscheiden sich hinsichtlich Wortschatz, Grammatik und Aussprache von einander.

Verb (*verb*, V): Wortart, die eine Handlung oder einen Zustand angibt und typischerweise mit dem folgenden Flexionsmuster auftritt: *-s, -ed, -ing, -ed/-en*.

Verbalphrase (*verb phrase*, VP): Von einem Verb als Kopf projizierte Phrase.

Verlaufsform (*progressive*): Kombination eines Verbs mit dem Hilfsverb *be*. Das Verb erscheint als Partizip der Verlaufsform (*is opening, was taking*).

Verschlusslaut/Plosiv (*plosive, stop*): Konsonantisches Phonem, das durch eine völlige Unterbrechung des Luftstroms realisiert wird.

Vorsprachliche Phase (*prelinguistic stage*): Phase im Erstspracherwerb vor dem Beginn der Verwendung von sprachlichen Zeichen.

W

Wh-Fragen (*wh-questions*): Konstituentenfragen, die mit einem der *wh*-Fragepronomina *what, where, when, who, whom, why* oder *how* gebildet werden.

Wiederholt auftretendes Element (*recurring partial*): Phonemfolge in einem Wort, die als Morphem identifiziert werden kann, weil sie auch alleine oder als Bestandteil eines anderen Wortes erscheint.

Wort (*word*): Kleinste freie Form. Im Englischen können Wörter entweder Wurzeln (einzelne Morpheme) sein oder morphologisch komplexe Formen, die das Ergebnis von Flexion, Derivation oder Komposition darstellen.

Wortart (*word class*): Satz von Wörtern einer Sprache, die gemeinsame Merkmale aufweisen. Im Englischen gibt es die lexikalischen Kategorien Nomen, Verb, Adjektiv, Adverb und Präposition, die als Köpfe lexikalischer Phrasen dienen, und funktionale Kategorien wie Determiner, Hilfsverb und Konjunktion, die grammatische Beziehungen angeben und als Köpfe funktionaler Projektionen dienen.

Wortbildungsregel (*word formation rule*, WFR): Regel im Lexikon des Sprechers, die die morphologische Struktur von Wörtern erklärt und die auch Grundlage für die Bildung neuer Wörter sein kann.

Wurzel (*root word*): Einfaches Zeichen, das als Wort erscheinen kann, z. B. *book* oder *red*.

Z

Zeichen (*sign*): Unmotivierte Verbindung eines Lautbildes und einer Bedeutung, die die Grundlage des Wortschatzes einer Sprache bildet.

Zentralisieren (*centralization*): Tendenz, die Aussprache eines Vokals oder Diphthongs in Richtung eines Schwa [ə] zu verändern, wie dies z. B. in der Realisierung von /aɪ/ und /aʊ/ als [əɪ] and [əʊ] im kanadischen Englisch oder von /oʊ/ als [əʊ] in der britischen Standardaussprache der Fall ist.

Ziel (*goal*): Siehe semantische Rolle.